L'ILE DE KHONG

LETTRES LAOTIENNES

COMPIÈGNE — IMPRIMERIE A. MENNECIER

L'ILE DE KHONG

LETTRES LAOTIENNES

D'UN ENGAGÉ VOLONTAIRE

PARIS

LIBRAIRIE FISCHBACHER

33, RUE DE SEINE, 33

—

1896

PRÉFACE

DAIA !

L'endoulible nous laisso crida.

A moun ami Jùli Troubat, i siéu.

Liuen, eilalin, bèn liuen, pèr l'ounour de la Franço,
Dessouto si drapèu, toun paure fiéu es mort !
E la doulour, avuei, destrassouno toun cor,
    Aièr pamens plen d'esperanço !

Mai, se lagrumejan emé tu sus soun sort,
Ami ! pèr t'assoula dedins ta maluranço,
Disèn que pèr bonur, dins nosto remembranço,
    O ! jamai noun l'Amour s'endort !

La Remembranço l es bèn lou mirau de la vido,

Ounte souvènti-fes seguissèn l'espelido

    De nosti pantai esvali !

E dins la tiéuno, ounte soun amo se miraio,

A l'ufanous soulèu que sus éu a lusi,

    Amount veiras creisse sa taio !

ANT. CHANSROUX.

    Ce beau sonnet a paru dans le *Viro-Soulèu* de juin 1895. — En voici la traduction :

FAUX !

Le douloureux nous laisse crier.

A mon ami Jules Troubat, aux siens.

Loin, là-bas, bien loin, pour l'honneur de la France,
Sous son drapeau, ton pauvre fils est mort !
Et la douleur, aujourd'hui, ébranle ton cœur,
      Hier pourtant plein d'espérance !

Mais, si nous pleurons avec toi sur son sort,
Ami ! pour te soulager dans ton malheur,
Nous disons que par bonheur, dans notre souvenir,
      Oh ! jamais non l'Amour ne s'endort !

Le Souvenir ! c'est bien le miroir de la vie,
Où souvent nous suivons l'apparition
     De notre rêve évanoui !

Et dans le tien, où son âme se reflète,
Au triste soleil qui sur lui a lui,
     Là haut tu verras croître sa taille !

Le même poète, poursuivant son inspiration, a publié, le mois suivant, dans *le Conciliateur franco-provençal* de Beaucaire, cette Ode superbe :

A mon bien cher ami Jules Troubat,
sur la mort de son fils,
sous-officier aux Tirailleurs annamites.

POUR LA PATRIE !...

L'amour de la Patrie enfante des héros.

Alors que l'avenir, dans le miroitement
De lumière et d'azur et d'or du firmament,
    Semblait sourire à sa jeunesse :
Tandis qu'il poursuivait maints rêves de bonheur ;
Que son âme à l'espoir s'ouvrait comme la fleur
    Au souffle ailé qui la caresse !...

Quand dans son cœur, épris de l'*Antique Beauté*,
Passait le doux frisson de cette volupté
          Que seul l'amour de l'*Art* fait naître ;
A cette heure trop brève, où la *Vie*, à nos yeux,
Prend l'éclat d'un soleil dans l'infini des cieux
          En idéalisant notre être !...

Pendant que tout là-bas, sous les replis d'azur,
Et de rouge de pourpre, et du blanc le plus pur
          Du drapeau sacré de la *France*,
Pour *Elle* il combattait, tel qu'un obscur héros ;
Vers les siens qu'il aimait, sur l'aile des échos
          S'envolaient ses cris d'espérance.

Sans doute à ses regards, la gloire des combats
Qui d'une folle ivresse enfièvre nos soldats,
          — Toujours ardents au sacrifice ; —
Aux lumineux reflets du beau ciel d'*Orient*
Brilla d'un tel éclat, qu'à-demi souriant
          Il crut à sa lueur factice.

La *Gloire* !... savons-nous, hélas ! ce qu'elle vaut ?
Non ! et pourtant les fils de ce monde nouveau,
          Où brille l'astre de l'*Idée* ;
Fatalement poussés par l'aveugle *Destin*,
La poursuivent toujours d'un pas plus incertain
          Sur notre terre ensanglantée.

Et soudain, à l'instar de tant d'autres guerriers,
Il étendit la main pour cueillir les lauriers
      De cette enivrante chimère !...
Le succès couronna ses stoïques efforts ;
Mais, sur ce fils, classé parmi ses plus chers morts,
      Pleure la *France*, — notre mère ! —

« Loin de mon sol sacré, sous un mortel climat,
Cet enfant que j'aimais, tout autant qu'il m'aima,
      Vit l'existence à son aurore
Lui tendre en souriant cette coupe de fleurs,
Hier pleine de miel, — remplie, hélas ! de pleurs
      Aujourd'hui par le *Minotaure !...* »

Ainsi clame la voix de la Patrie en deuil :
Et tandis que sa main répand sur le cercueil
      De ce brave, — mort en plein rêve, —
D'éblouissants lauriers, si chers à nos soldats,
Nous lui disons : — Demain dans de nouveaux combats
      Brillera l'éclair de ton glaive !...

Et puisque notre sang, ô *France !* t'appartient,
Au jour fatalement marqué, prends-le ! puisqu'il est tien
      Et tout en maudissant la guerre,
Ainsi que ce vaillant, digne de ton grand nom,
Par ton geste entraînés, à la voix du canon,
      Nos pas ébranleront la *terre !*

Comme nous il en fit le serment solennel ;
Maintenant que son corps dort le *somme éternel*
        De la *matière* indestructible ;
Dans le rayonnement de lumière et d'azur,
Son âme, d'un éclat fulgurant et plus pur,
        Voit briller ton glaive invincible !...

Il n'est plus de ce monde ; — ainsi passe la fleur ;
Si quelque chose peut adoucir la douleur
        De sa pauvre mère éplorée,
Et d'un père chéri, qu'il suivait le front haut,
C'est qu'il est mort là-bas, sous les plis du drapeau
        De notre patrie adorée.

L'*Insensible*, à nos yeux plus dure que l'*airain*,
Fermant toujours l'oreille aux cris du cœur humain,
        L'a frappé de sa faux sanglante !
Elle cueille le fruit avant que le soleil
Par ses brûlants baisers ne l'ait rendu vermeil,
        Et la fleur à peine odorante !

Elle moissonne avant l'époque des moissons :
Et lorsque du *Présent* nous nous réjouissons,
        Comme la *foudre* dans l'espace,
Drapée en son suaire elle s'abat sur nous ;
Vainement à ses pieds en tombant à genoux
        Nos sanglots lui demandent grâce !...

Heureux celui qui meurt en martyr du devoir !
Et tout en lui disant : « Bien cher fils, au revoir
    Dans un monde où la *Haine* expire ! »
A travers le cristal de leurs larmes d'amour,
Dans l'espace des cieux, ils le voient tour à tour
    Et les bénir, et leur sourire !...

ANT. CHANSROUX.

7 juillet 1895.

Il ne se pouvait de plus belle épigraphe aux Lettres de mon fils, qui dort en terre laotienne.

*
* *

La limpidité de ces Lettres reflète la sincérité de leur auteur. Elles le révèlent peintre et poète à son insu. Ce n'est pas la première fois que la Méditerranée et le ciel lumineux où brille la Croix du Sud auront accompli ce miracle sur une nature nerveuse, impressionnable et vivace, aux heures de rêverie qu'engendre le repos forcé de la traversée.

Tant qu'on est sur *la Nive*, encore que fort endommagée, c'est presque une promenade en mer. Nous n'allons pas à la découverte, bien que tout soit nouveau et digne de remarque pour l'engagé volon-

taire qui sort pour la première fois du port — et qui
ne devait pas y rentrer. — L'intérêt *colonial* de ces
Lettres commence réellement à l'embarquement sur
la grande artère, qui sera peut-être un jour « une des
véritables routes de Chine », comme le Rhône, qui
donne une faible idée du Mékong avec ses torrents,
ses ensablements, ses Bouches, ses estuaires pestilentiels, ouvrit l'Europe centrale au commerce antique.

Mais il faudra encore du temps pour cela.

Depuis Doudart de Lagrée, la balise a fait quelque
progrès sur le Grand-Fleuve, sans cesse tenté,
exploré, sondé par nos hardies canonnières, qui
trouvent quelquefois ses affluents à sec et de « routes
fluviales aux eaux hautes, sillonnées par une foule de
barques, » devenus « routes terrestres aux basses
eaux, fréquentées par des charrettes à buffles, »
comme cela arriva, en avril 1881, au lieutenant
A. Bonnaud, commandant *le Harpon*, avec le petit
fleuve Tonlé-tauch, reliant Casutin à Banam [1].

On a encore beaucoup à faire, avant d'avoir comblé
les vides et rendu facilement navigables les Cataractes
de Khône, à l'aide d'écluses et de canaux. On en fera
peut-être un jour, pour les civilisations futures, un
objet de curiosité naturelle et d'attraction pour le
touriste ; mais en attendant, « bien que les rapides
du Mékong aient pu être franchis par nos canonnières,

---

[1] *Excursions et Reconnaissances*, n° 9, Saïgon, 1881.

dit à une date encore récente un Recueil spécial et nécessairement optimiste, il ne faut pas trop compter sur cette voie pour le transit régulier des marchandises, à l'époque des basses eaux, c'est-à-dire pendant cinq mois de l'année. Il est donc indispensable de rechercher une route commerciale praticable en toute saison qui puisse assurer des débouchés, autres que le Siam, aux produits des régions fertiles placées sous notre dépendance [1] ».

Les *Lettres laotiennes*, que nous publions, partent de l'île de Khong, que l'attention distraite est portée à confondre avec le Kong soudanien où opère Samory.

Nous sommes à l'ancienne limite du Cambodge et du Laos [2], sur le Grand Fleuve, qui sépare l'Annam du Siam.

De Khône à Khong, au-dessus des Cataractes de Khône, le Mékong, d'une largeur de plus de 12 kilomètres [3], forme un vaste lit torrentiel, jonché aux eaux hautes de centaines d'îles, la plupart sans nom,

---

(1) *Bulletin de la Société de Géographie* de Marseille, 4e trimestre 1894, p. 431.

(2) « Gérard van Wusthof, l'ambassadeur néerlandais qui se rendit à Vien chan, en 1614, par la voie du Mékong, ... trouva à l'île de *Khon* une tablette indiquant la limite des deux royaumes, limite encore légitime aujourd'hui malgré l'usurpation du pays par les Siamois. » (Doudart de Lagrée, *Explorations et Missions ..., Extraits de ses manuscrits, mis en ordre* par M. A.-B. de Villemereuil... Paris, Tremblay, 1883, in-4º.)

(3) Doudart de Lagrée.

autour desquelles l'enchevêtrement des rapides fait
ressembler la carte spéciale et coloriée, du nord à l'est,
à un gigantesque tronc d'arbre, criblé de trous et de
déchirures. Le nom même officiel de la province de
Khong est Sithandon, « corruption, dit-on, de
Siphandon (les quatre mille îles) [1]. »

Un véritable archipel, où l'île de Khong, qui a
donné son nom au Fleuve [2], prend les proportions
d'un continent : 15,418 hectares 83 ares de superficie
moyenne, au dire d'un *Marchand de bœufs au Laos*,
qui l'a évaluée en 1880 [3]. Francis Garnier en a donné
la latitude et la longitude. Les savants démêleront
peut-être un jour son importance historique aux
époques de civilisation bouddhique, dont toute trace
n'a pas disparu.

Nous l'occupons depuis le conflit de 1893 avec le
Siam pour y protéger en aval nos postes de Khône,
vaillamment commandés et défendus alors par le
capitaine Villers. La position fut jugée nécessaire
pour assurer la sécurité de la navigation et le

(1) *Notes sur le Laos*, par Etienne Aymonier, dans *Excursions
et Reconnaissances*, VIII, n° 20. Novembre-décembre 1884, Saïgon,
1885.

(2) Doudart de Lagrée l'écrit toujours par un grand F. « Mekhong,
dit-il (il orthographie encore ainsi par un *h* en 1866), est l'abré-
viation de *Menam Khong* (le fleuve de Khong). Les Laotiens disent
habituellement *Nam Khong* (l'eau du Khong). »

(3) M. Albert Blanc. — *Excursions et Reconnaissances*, n° 11,
Saïgon, 1882, page 229.

passage des canonnières fluviales qu'on attendait de
France [1].

Les trois dernières lettres de mon fils nous appren-
dront dans quelles conditions nous y tenons garnison,
en temps d'épidémie, aux eaux basses.

« Cette terre de promission, dit un savant géographe,
M. Lanier [2], est dangereuse pour le voyageur européen : les marches sont pénibles dans les bois ou les
broussailles : point de routes, peu de sentiers, des
rivières nombreuses, mais peu navigables, si ce n'est
pour les pirogues primitives des Laotiens, sur lesquelles on risque à chaque détour de sombrer dans
les rapides : enfin des torrents de pluie, des ouragans
terribles, des nuées de moustiques dévorants, et la
fièvre, la redoutable fièvre paludéenne qui n'épargne
personne sous l'inextricable réseau des forêts. »

Notre brave fils, sous-officier aux Tirailleurs annamites, est mort de ces fièvres, qualifiées d'accès pernicieux, à Stung-Treng, en aval de Khong, au-dessous
de Khône, le 14 mai 1895, à l'âge de 26 ans et demi.

Ses lettres nous édifient sur ce point perdu de notre
Minotaure colonial [3], et c'est la leçon qui en ressort,

(1) Voir la dépêche de Saïgon, du 17 juillet 1893, publiée par les
journaux.

(2) *Causerie géographique* par M. L. Lanier (*L'Univers illustré*
du 3 juin 1893).

(3) La situation, dont elles ne font qu'esquisser le douloureux
tableau, a été signalée en France par la dépêche suivante, lue dans

sans plainte, sans récrimination, sans qu'on y sente même se départir, devant le spectacle lugubre du choléra qu'il avait sous les yeux, et peut-être avec le pressentiment de sa propre mort, la précieuse qualité de détachement qui fait le soldat.

*   *
*

A Compiègne, où les palmarès de ses années scolaires attestent qu'il avait fait de bonnes études, le *Progrès de l'Oise* lui a consacré les lignes suivantes :

« ...Paul Troubat possédait les meilleures qualités du cœur et de l'esprit, et tous ceux qui l'ont connu déploreront avec nous sa fin douloureuse. Les indifférents eux-mêmes ne pourront se défendre d'une vive émotion en évoquant les derniers moments de ce soldat français qui meurt à des milliers de lieues de sa patrie, sans avoir la consolation de penser qu'une mère ou un père aimé lui fermera les yeux... »

Le Temps, le Figaro, le Rappel, l'Evénement, le Journal des Débats, le Petit Parisien, le Journal,

deux journaux, *la France* et *l'Intransigeant* : « Au Siam. — Londres, 17 juin. — On mande de Rangoon au *Times* que les maladies et surtout la fièvre typhoïde règnent parmi la garnison du poste français de Keng-Kong. Ce poste est très malsain ; il se trouve à neuf jours de marche de la plus prochaine garnison française. »

*le Gaulois, le Petit Moniteur, le Soleil, le XIXe Siècle,
le Monde, la Vérité, le Quotidien illustré, le Radical,
la Marseillaise, le Petit Méridional, la Dépêche,
le Petit Marseillais, la Région radicale, la Vie
montpelliéraine, le Viro-Soulèu, le Mois cigalier,
le Conciliateur franco-provençal, l'Indépendant de
l'Oise, la République de l'Oise, le Journal de l'Oise,
le Messager de Toulouse,* n'ont pas laissé passer
cette mort inaperçue. Nous les remercions, ainsi
que tous ceux de qui nous avons reçu de pré-
cieuses marques de condoléance et d'amitié.

JULES TROUBAT

I

LA TRAVERSÉE

LETTRES LAOTIENNES

I

LA TRAVERSÉE

Rade d'Oran, 18 février 1894,
à bord de *la Nive*.

Mon cher père,

Nous sommes arrivés hier soir en rade d'Oran : nous devons y rester un jour pour embarquer des légionnaires. La traversée a été magnifique : une mer d'huile tout le temps ; je n'ai pas été malade une seconde.

Par exemple, notre installation à bord laisse fort à désirer ; nous sommes un peu sur les autres et couchons dans des hamacs ; la nourri-

ture est assez bonne, mais insuffisante, du moins
pour moi : il est vrai que lorsque nous aurons
atteint les chaudes latitudes, mon appétit aura
disparu en partie.

Te dire que j'ai éprouvé une grande émotion
lorsque les côtes de Provence ont disparu, serait
mentir : j'étais trop distrait sur le moment par
cette vie nouvelle que je mène à bord de *la Nive*.
La nuit, lorsque tout est calme, et que j'admire
la mer éclairée par les reflets de la lune, ma
pensée se reporte tout entière vers vous : je
devine que je suis le sujet de toutes vos conver-
sations, et il me semble les entendre ; je dois
vous causer bien des inquiétudes : rassurez-vous
entièrement. Je suis fort, bien portant et n'ai
rien à craindre. Je regrette que vous ne soyez
pas avec moi pour jouir du magnifique spectacle
qui jusqu'à présent a défilé devant mes yeux.
Avant-hier soir, nous sommes passés devant les
Baléares, masse sombre, aux montagnes arides,
dont les sommets, couverts de neige, étincelaient
sous les rayons de la lune. Pour tout horizon, la
mer et toujours la mer, calme comme un lac,
agitée seulement par les marsouins qui se jouent
autour du navire. On vit comme dans un songe
très doux.

Aujourd'hui, la ville d'Oran s'étend devant moi : je serais fort curieux d'aller la visiter, mais la consigne est formelle, on ne descendra pas. Je me contenterai d'essayer de prendre un croquis.

Je ferme ma lettre pour qu'elle ne manque pas le bateau qui doit l'apporter en France.

Je vous embrasse tous et pense à vous comme vous pensez à moi.

                                        22 février.

Mon cher Antoine [1],

Autant nous avions eu une bonne traversée
jusqu'à Oran, autant elle est devenue mauvaise
depuis que nous sommes partis de ce port. La
mer est complètement démontée, et le navire
tangue et roule horriblement. Les trois quarts
des passagers sont malades ; pour moi, je n'ai
pas à me plaindre, car je n'ai souffert qu'une
soirée, et encore fort peu : je passe mon temps
sur le pont, à contempler les vagues furieuses
qui viennent se briser sur le vaisseau. Cette mer
déchaînée est splendide et semble commander le
respect. Il est impossible de s'ennuyer quand on
la regarde, elle change d'aspect et de nuance à
chaque moment : tantôt paisible et calme, elle
présente une teinte bleu foncé, qui semble vous
attirer ; tantôt blanche de colère, elle précipite
sur vous des lames sombres, noirâtres, qui

_____
[1] Son frère.

viennent s'écraser les unes sur les autres en produisant une fine poussière couleur émeraude. Je t'assure que je passe d'agréables moments à regarder ce tableau toujours nouveau.

Nous n'avançons que lentement ; l'état de la mer retarde la marche de *la Nive*, et, pour comble de malheur, notre machine est encore abîmée : c'est la seconde fois en huit jours ; c'est inouï sur des vaisseaux de l'Etat.

Nous passerons probablement en vue de Malte ce soir, et nous arriverons à Port-Saïd dimanche ou lundi. Ma lettre ne partira que de cette ville ; ne fais pas attention à l'écriture, c'est le roulis qui en est cause...

Tu peux m'écrire à Saïgon, aux Tirailleurs annamites ; la lettre m'arrivera toujours.

Il ne se passe pas de jour et de nuit que je ne sois avec vous, tant par la pensée que par le rêve. La vue de la mer, de l'immensité, ramène les souvenirs en foule : on pense à la France, aux absents, et on ne se souvient que des bons et heureux moments.

Je t'embrasse bien fort, mon cher Antoine, et te prie d'embrasser pour moi papa et maman.

25 février.

Mon cher Antoine,

C'est aujourd'hui dimanche, c'est-à-dire repos complet pour tout l'équipage de *la Nive* ; le temps est redevenu magnifique, le soleil est chaud, tout à bord semble avoir pris un air de fête. Je ne sais si à Paris vous jouissez d'une telle température, auquel cas les boulevards doivent regorger de monde.

Nous sommes toujours en pleine Méditerranée et nous avons quitté Oran depuis huit jours ; c'est te dire combien nous marchons lentement ; la machine a besoin, à chaque instant, d'une réparation ; avant-hier, nous nous sommes arrêtés quatre heures sur les côtes de Sicile, qui se profilaient merveilleusement à un kilomètre de nous, et chaque jour il en est ainsi. On a bien raison à la Chambre de réclamer contre l'incurie de la marine.

Nous pensons arriver à Port-Saïd demain soir ou après-demain matin. Peut-être à Paris est-on même inquiet sur notre sort, car nous avons près de cinq jours de retard. Rassure-toi et rassure papa et maman. Tout va bien à bord, sauf la machine. Seulement le confortable manque complètement. Nous couchons dans des hamacs, comme je te l'ai déjà dit, et c'est un genre de lit que je n'aime guère. Nous sommes douze cents passagers, il est vrai, et il est difficile de caser tout le monde. La nourriture ensuite laisse fort à désirer, quoique on nous promette tous les jours une amélioration.

Voici notre emploi du temps : le matin, à cinq heures et demie, branle-bas général pour remonter les hamacs sur le pont et café ; ensuite nettoyage complet du bâtiment. Les matelots pataugent nu-pieds dans l'eau qui coule de tous côtés, et forcément on reçoit des éclaboussures. (Entre parenthèses, on emploie beaucoup d'eau pour laver le navire, mais on ne nous donne rien pour nos soins personnels de propreté : il faut se débrouiller.)

A neuf heures et demie, premier repas, légumes, viande et un quart de vin.

De une heure à quatre, théories diverses et lectures géographiques. A cinq heures, second et dernier repas, soupe, viande et légumes, quart de vin, et en très petite quantité.

A six heures, branle-bas pour reprendre les hamacs et prière sur le pont, dite-par l'aumônier du bord. Y assiste qui veut. Puis on va se coucher.

Pour moi, c'est le meilleur moment. Je reste sur la dunette, m'étends sur une couverture, fume des cigarettes d'Orient et je rêve ; quand la nuit est étoilée, la mer calme, et que le vent ne souffle pas trop fort, je reste là jusqu'à ce que le sommeil me gagne. Je suis seul ou presque seul, et je peux en toute liberté penser à vous, à ce que vous faites, à la vie qui m'attend là bas.

Lorsque nous serons sous les chaudes latitudes, ces rêveries n'en seront que plus agréables, mais elles auront aussi un côté plus amer, car chaque nœud parcouru par le navire, chaque vague qui l'entraînera, me sépareront un peu plus de vous...

3 mars.

Mon cher père,

Pendant que vous gelez peut-être en France, ou que tout au moins vous portez encore les costumes d'hiver, ici la chaleur commence à devenir étouffante : aussi casques et cachous ont-ils fait leur apparition. Il est vrai que nous sommes en pleine mer Rouge, à peu près à la hauteur de La Mecque.

Nous sommes arrivés le 28 février à Port-Saïd : j'ai pu descendre à terre ainsi que tous mes camarades. La ville n'offre pas un aspect bien curieux : rien de pittoresque ; un sol absolument plat, rues sales, pas de pavage ; on voit que tout est construit à la hâte et dans un but purement commercial. Aussi que de magasins cosmopolites, mais où dominent ceux de nationalités anglaise et grecque ! Une grande animation règne dans toutes les rues : on est littéralement assailli par des nuées de juifs sales et d'Arabes : ces marmots indigènes sont surtout de véritables

moucherons ; ils ne cessent de vous importuner
que lorsqu'on a acheté quelque chose ou qu'on
les a menacés. « Toi, moussiu, acheter dattes,
oranges, *pitit* poisson. Toi, cirer, moussiu, pour
un sou ; » et ils vous prennent de force. Et des
cris, des chants arabes, monotones et plaintifs.

Les femmes ne circulent que voilées, et on en
voit très peu : les femmes mariées se distinguent par une espèce de petite machine en
cuivre qui leur couvre entièrement le nez et les
yeux ; on n'aperçoit que deux flammes sombres.

Les agents de police turque circulent au milieu
de cette foule, graves et flegmatiques.

Comme toutes les villes orientales, Port-Saïd
se divise en deux, la ville européenne et la ville
arabe. C'est dans cette dernière que règne la plus
grande animation.

Dans la partie européenne, on ne trouve, sauf
les consulats, que des magasins de toute sorte
fort bien achalandés, mais où tout est fort cher.
J'ai parcouru toutes les rues, monté gravement
sur un bourriquet d'Afrique, et je crois connaître
bien la ville.

Le port présente une animation extraordinaire : toutes les nations semblent s'y donner
rendez-vous ; mais tout subit l'influence anglaise.

Port-Saïd appartient nominativement aux Turcs, mais les Anglais en sont maîtres. C'est bien de la faute de la politique française.

De Port-Saïd, nous avons appareillé pour Suez par le canal de Suez : la largeur de ce canal est d'environ 70 mètres ; d'un côté l'Afrique, de l'autre l'Asie ; mais partout le désert, plaine immense, sans horizon, où les monticules de sable accumulés par les vents simulent les vagues d'une mer vaste et jaunâtre. De temps en temps les maigres palmiers d'une oasis font tache sur cet océan de sable : plus loin le squelette blanchi d'un dromadaire.

Pour toute animation, quelques gares le long du canal, où passe le chemin de fer de Suez à Port-Saïd, ou une caravane aperçue dans le lointain ; puis rien, du sable et toujours du sable.

Nous avons mis 18 heures pour traverser le canal et sommes arrivés devant Suez : la ville a un aspect charmant ; une longue avenue de palmiers court parallèlement à la mer pendant près d'un kilomètre ; bordée de jolies maisons construites à la manière orientale, cette avenue offre à l'œil un très joli effet. Tout le monde est sorti pour voir passer *la Nive* : des Français

nous saluent en agitant leurs chapeaux et leurs
mouchoirs ; tout paraît plein de soleil et de
gaîté. A l'horizon, les dernières ramifications de
l'Atlas se détachent vivement éclairées ; mais
nous ne pouvons que regarder ce spectacle de
loin, car *la Nive,* après avoir stoppé quelques
instants pour descendre le pilote, reprend sa
marche et pénètre dans la mer Rouge.

Pourquoi l'appelle-t-on ainsi ? Je n'en sais
rien. Est-ce à cause des côtes qui présentent un
aspect rouge foncé, tirant plutôt sur le brun ?
est-ce à cause des nombreux coraux qui tapissent
son fond ?... Mais n'allez pas croire que la couleur de la mer soit rouge : au contraire, elle est
d'un beau bleu foncé. C'est, somme toute, un
immense lac qui, pour le moment, ne nous
cause ni roulis ni tangage : il n'en est pas toujours ainsi, paraît-il, et la mer Rouge a ses
colères comme les autres mers.

De temps à autre, nous apercevons les bords
de chaque côté : vers l'Afrique, c'est toujours
plat et sablonneux ; vers l'Asie, ce sont des montagnes médiocrement élevées, mais arides et
nues ; les poissons volants font leur apparition,
et ils deviendront plus nombreux au fur et à
mesure que nous descendrons vers le sud. Le

soir, la mer devient phosphorescente, et le sillage du navire semble une ligne de feu. Un vent assez fort souffle depuis deux jours, et son haleine chaude m'apporte des senteurs inconnues.

Si le beau temps dont nous jouissons continue, j'aurai fait une traversée magnifique : toutes les incommodités du bord, et elles sont nombreuses, disparaissent devant les spectacles nouveaux pour moi que je vois tous les jours ; il ne s'y mêle qu'un regret, c'est de me savoir si loin de vous tous, et de ne pas avoir de nouvelles plus souvent...

Cette lettre partira probablement d'Obock.

En rade de Djibuti, 7 mars.

Mon cher frère,

Djibuti ! ce nom ne te dit rien probablement, et tu n'es pas le seul dans ton cas : moi-même, avant d'y aborder, j'ignorais absolument qu'il y eût un port de ce nom. Eh bien, je vais te dire tout de suite où il se trouve : *Djibouti* est une colonie française, située à deux heures de traversée d'Obock ; sa formation est toute récente, mais sa situation particulière, la largeur de sa rade, font présumer qu'elle est destinée à supplanter Obock. *La Nive* est le premier grand transport qui y fait séjour, et nous ne nous arrêtons que pour y descendre des bouées. La ville, ou plutôt le commencement de ville européenne, a pris un air de fête, et les couleurs françaises flottent partout.

Mais veux-tu auparavant me suivre à Obock et faire connaissance avec la race noire, en attendant d'entrer en relation avec la race jaune ?

Obock, comme tu le sais, est un petit port

français, destiné à servir de dépôt de charbons à notre flotte, principalement en cas de guerre maritime ; mais, dans ce cas, je doute fort qu'il soit à l'abri d'un coup de main.

La côte d'Afrique se montre, comme toujours, triste, nue, aride : à peine quelques taches de verdure de loin en loin ; la baie s'ouvre en demi-cercle : quelques maisons européennes, la Résidence, le village arabe avec ses reflets blancs ; dans le fond, le tombeau d'un kadiffe ; dans le lointain, des montagnes aux rocs nus ; un soleil resplendissant, une mer bleue où, en certains endroits, des reflets d'un joli vert émeraude signalent les dépressions du fond. C'est toujours le même paysage africain, triste, desséché, où il n'y a de place que pour le soleil.

Dans le port, que protège une digue longue d'environ 200 mètres, quelques bateaux de pêche, des pirogues, un vieux trois-mâts échoué, qui sert à emmagasiner le charbon. *La Nive* vient de mouiller : elle est entourée de canots montés par les naturels du pays, qui poussent des cris gutturaux et se précipitent à la mer pour chercher les sous qu'on leur jette. Ce sont des cris, des chants, heurts d'embarcation à n'en plus finir ; entièrement nus, ou ayant juste de quoi ne pas alarmer

3

la pudeur de M. Bérenger, les noirs gesticulent, plongent comme des poissons, accumulent dans la bouche les sous qu'ils attrapent, en regardant au préalable s'ils ne sont pas italiens, et dans leurs rires nous montrent des dents éblouissantes de blancheur.

Enfin, nous avons l'autorisation de descendre à terre : je ne me fais pas prier, je te prie de croire, pour m'embarquer dans une pirogue ; quatre noirs rament vigoureusement à l'aide de rames ayant la forme d'une longue palette ; mais, arrivés à cent mètres du rivage, autre histoire : la marée est basse, et le canot ne peut avancer sous peine de s'ensabler ; il faut donc me résoudre à me jeter à l'eau qui vient à peine à la ceinture ; mais on ne me laisse pas le temps de la réflexion : deux indigènes m'empoignent, et me voilà gagnant le rivage à califourchon sur leurs épaules ; le plus drôle est que plusieurs dames, femmes de passagers, allant en Cochinchine ou au Tonkin, étaient descendues avec nous et qu'elles ont dû gagner la terre par le même moyen. Tu ne peux te figurer l'hilarité que causaient leurs mines effarées, et le contraste de leurs toilettes claires avec les épaules bronzées de leurs porteurs.

Nous voici dans le village noir : maisons

basses, mal construites pour la plupart : hommes,
femmes et marmots, circulent partout, en dépit
de la chaleur, au milieu des moutons, des chè-
vres et de jolies gazelles. On remarque, au milieu
de cette foule, trois types bien distincts : d'abord,
les Arabes, toujours les mêmes, obséquieux et
avides, qui tiennent tous les magasins et vous
volent en conscience ; ce sont les mêmes qu'à
Oran, Port-Saïd ou Suez ; ensuite, un type de
noirs, les Dankalis, au nez épaté, lèvres lippues,
tête entièrement rasée ; ils sont affreux pour la
plupart : ce sont eux qui vont vous chercher à
bord, vous ramènent, vous portent sur leurs
épaules ; passant leur vie dans l'eau, on se
demande s'ils ne tiennent pas du poisson.
D'ailleurs, tous voleurs, ne se gênant pas pour
fouiller dans votre poche : témoin un de mes
camarades auquel un portefeuille, contenant une
forte somme, a été soustrait. Lorsqu'ils ont
recueilli une certaine quantité de sous, ils vous
harcèlent pour les changer contre des pièces
blanches, dont ils se font des colliers.

Enfin, un troisième type, les Somalis, à tête
intelligente, quelquefois très fine, mais empreinte
d'un grand caractère de férocité : ce sont, pour
ainsi dire, les guerriers de l'endroit. Ils laissent,

au contraire des autres, pousser leurs cheveux :
le dessus du crâne seul est rasé ; leurs traits sont
anguleux, leurs dents longues et pointues, leurs
regards mauvais : dans l'intérieur des terres, ils
deviennent cannibales ; ils ne cherchent pas à
avoir de rapports avec nous, et très peu font le
commerce. Dans Obock même, ils sont soumis,
mais, plus bas, ils ont conservé toute leur férocité ; il y a deux ou trois ans, un maître d'équipage et six matelots, qui étaient descendus pour
faire de l'eau, furent massacrés par ces mêmes
Somalis.

Obock compte à peine une vingtaine d'Européens. A l'heure où nous nous promenons dans
la partie française, tout dort : c'est l'heure de
la sieste. La Résidence, la Bibliothèque, la poste,
étalent leurs murs blanchis au soleil ; mais rien
ne bouge : on dirait une ville morte, abandonnée ; la mer se retire lentement, laissant à nu
un sable extrêmement fin, où courent des milliers
de crabes, et des rochers bizarres, ayant la forme
de gros champignons ou de verres à pied. Nous
sommes pris de l'envie folle de nous baigner et,
casque en tête, nous nous précipitons dans la
mer. Te dire le bon bain que j'ai pris dans cette
eau presque tiède, où le sable vous brûle la plante

des pieds ! des myriades de petits poissons, d'espadons, nous filaient entre les jambes ; nous n'allions pas trop loin, par exemple, car les requins sont nombreux dans ces parages ; les noirs seulement ne les craignent pas.

Ce bain m'a fait du bien, m'a détendu les nerfs, ce dont j'avais grand besoin. Tu ne peux te figurer combien, dans l'espace restreint où nous vivons, sous ce soleil de feu, devant le peu de fatigue que nous éprouvons, l'esprit devient agacé, hargneux. Je me sens, par moment, l'envie de marcher, de faire de la gymnastique, de me bien fatiguer, en un mot, de me briser les nerfs. Aussi, est-ce une véritable joie lorsque nous pouvons descendre.

Aujourd'hui, nous sommes à Djibuti : c'est le même paysage qu'à Obock, mais la ville paraît plus étendue, plus animée. Nous n'y descendrons pas, car nous ne restons que fort peu de temps. Comme à Obock, les indigènes ont envahi le navire : ils représentent absolument les mêmes types.

Nous n'avons plus que deux escales à faire : Mahé et Saïgon ; c'est l'affaire d'une vingtaine de jours. Dans mes prochaines lettres, je pourrai donc t'entretenir de la race jaune, et je t'en parlerai d'autant plus longuement que je vivrai en contact avec elle.

En vue de Mahé,
15 mars.

Mon cher Antoine,

Je t'ai laissé, je crois, dans la rade de Djibuti,
avec les noirs de la côte d'Afrique : depuis lors,
nous avons fait bien du chemin, et c'est sur la
côte des Indes, en plein Océan indien, qu'il faut
me suivre. Jusqu'à présent, je n'ai rien de bien
intéressant à te raconter ; nous n'avons abordé
nulle part, et sur cette vaste mer la navigation
devient monotone ; ni terre ni vaisseau en vue ;
la chaleur devient de plus en plus lourde et
difficile à supporter : elle est tempérée heureusement par une brise assez forte qui permet de
respirer un peu. Par contre, les soirées sont
délicieuses. Le ciel d'Orient resplendit superbe-
ment ; les constellations nouvelles ont un éclat
inconnu dans notre hémisphère, la Croix du
Sud remplace l'étoile polaire qui s'éloigne et
s'efface peu à peu à mesure que nous avançons
dans le Sud. Joins à cela la clarté de la lune
qui s'étend en larges nappes sur la surface de

la mer ; des jeux d'ombre et de lumière merveilleux et le sillage phosphorescent du navire,
ruisseau lumineux courant au milieu d'une vaste
plaine argentée.

Je passe de longues heures à contempler ce
spectacle magique, perdu dans de profondes
rêveries, au milieu d'un silence profond, troublé
seulement par la trépidation de la machine ou
le coup de sifflet strident du maître d'équipage.
J'arrive ainsi jusqu'à deux ou trois heures du
matin, sans m'en apercevoir, presque dans un
état de somnolence insensible, pensant à ma vie
passée, à mon avenir, à vous surtout... Mais si les
nuits me semblent bonnes et courtes, en revanche
les journées sont longues : les mauvaises conditions d'installation dans lesquelles nous nous
trouvons en sont la cause, ainsi que l'énerve-
ment causé par la chaleur et le manque de
mouvement...

Nous approchons de Saïgon heureusement, et
là je pourrai me remuer un peu. Hier nous nous
sommes arrêtés devant Mahé, possession française de la côte de l'Hindoustan. Nous n'avons
pu descendre à terre : j'ai dû me borner à exa-
miner le pays à l'aide d'une longue-vue. J'y ai
remarqué fort peu d'habitations, mais beaucoup

de verdure, des montagnes assez élevées. L'aspect de cette côte est beaucoup plus riant que celui de la côte d'Afrique. Mahé par elle-même est une ville française sans importance : il est vrai que les Anglais ont fondé à côté un Mahé anglais, qui fait disparaître le nôtre peu à peu.

Demain nous serons à Colombo, et dans une douzaine de jours à Saïgon. Nous devrions être arrivés depuis huit jours ; mais, grâce aux avaries de notre machine, nous aurons près de quinze jours de retard.

Il s'est même produit un fait assez grave, il y a quatre jours : nous avons bel et bien failli sauter par suite de la négligence d'un mécanicien, qui s'est endormi et a laissé les chauffeurs arabes charger la machine à blanc. On s'en est aperçu à temps, grâce à l'allure inusitée à laquelle on marchait. Il a fallu s'arrêter six heures et éteindre tous les feux. Cet arrêt forcé nous a valu une pêche au requin et on a été assez heureux pour en prendre deux avec des émerillons. Malgré leurs formidables coups de queue, on les a hissés sur le pont où on les a abattus à coups de hache : ils ne mesuraient pas moins d'un mètre 70 de long.

L'Océan indien est rempli de ces squales qui

suivent le navire, et se jettent voracement sur les détritus ou les débris de bœuf qu'on leur abandonne. Quand le navire est arrêté, on voit distinctement ces grosses masses noirâtres rôder autour du bâtiment, semblant guetter un cadavre ou un nageur imprudent...

En mer, 18 mars.

... Débarque maintenant avec moi dans l'île Ceylan à Colombo, capitale de cette île, et comme moi tu seras émerveillé. Tu n'imagines rien de plus florissant, de plus verdoyant, de plus pittoresque. Les Anglais sont décidément nos maîtres en fait de colonisation. Ils ont su faire de Ceylan un centre plein de ressources pour les bâtiments allant aux Indes ou en revenant, en même temps qu'une ville agréable, confortable, où les mœurs orientales, s'alliant avec les coutumes européennes, offrent un spectacle bien curieux.

Le port constitue un abri large et sûr, dans lequel se pressent des navires de toutes nations et de tout tonnage. J'y ai remarqué deux superbes bâtiments courriers, *l'Oldenbourg* de Hollande et *le Bayern,* un allemand.

A peine débarqué, l'on est agréablement surpris à la vue de jolis jardins, promenades ombragées, où les cocotiers, bananiers, palmiers s'entrecroisent dans un fouillis charmant. Toute cette sombre verdure est émaillée de fleurs d'un rouge vif ou d'un joli violet. De longs roseaux s'élancent au milieu des étangs comme de vertes fusées.

La ville anglaise, par elle-même, ne renferme pas de monuments curieux : ce ne sont que des maisons de commerce, postes, télégraphes, administrations quelconques : les fonctionnaires anglais, les officiers, habitent à quelques kilomètres, dans des cottages charmants, véritables nids de verdure où l'on trouve à la fois le confort si cher aux Anglais, et tous les usages orientaux.

J'ai entrevu des coins tellement ombragés par cette vigoureuse et luxuriante verdure tropicale, que les endroits les plus touffus de la forêt de Compiègne ne sauraient leur être comparés.

Les rues, les avenues de la ville sont remplies de mouvement et d'activité : les voitures anglaises se croisent dans un va-et-vient perpétuel avec les pousse-pousse indiens et les charrettes de forme bizarre, traînées par deux petits buffles : ces animaux me paraissent d'ailleurs les montures habituelles du pays : nous avons même rencontré une fort jolie voiture anglaise, traînée par deux buffles mignons, soignés, aux longues cornes dorées.

Dans ce tohu-bohu, circulent les Anglais à l'air grave et superbe, tous pleins de morgue ; quelques métis qui veulent les imiter et sont ridicules, et enfin les indigènes du pays. Cette race indienne est fort curieuse.

Tous sont grands, bien musclés, vigoureux, ont des têtes intelligentes et même très fines : on dirait de véritables statues de bronze ; j'ai vu quelques vieillards, à longue barbe blanche, qui, couverts du costume national, ont véritablement quelque chose d'imposant.

Hommes et femmes, comme au Tonkin, laissent pousser leurs cheveux : les hommes les relèvent en un chignon derrière la tête, comme la plupart des femmes en Europe ; les femmes au contraire les enroulent en nattes autour de la tête.

Le costume commun aux deux sexes consiste en une espèce de blouse et un jupon, le tout de couleur éclatante, qui leur tombe à mi-jambe : de sorte qu'au premier abord, il est difficile de distinguer les hommes des femmes ; ces dernières sont fort bien faites, grandes, élancées, mais la plupart sont laides.

J'ai visité toute la ville ou plutôt le village indien : les maisons n'offrent rien de curieux,

toutes m'ont même paru basses et mal construites ; en revanche, j'ai vu deux temples hin-
dous fort remarquables. Tu as vu les gargouilles
du château de Pierrefonds ; tu te rappelles leurs
figures grimaçantes : elles sont belles à côté des
sculptures de ces temples, monstres à l'aspect
hideux, horrible, dans des poses et des contor-
sions extraordinaires de hardiesse et de naïveté ;
c'est risible et terrible à la fois.

Si je repasse à Colombo et que j'aie quelque
temps à moi, je tâcherai d'en faire un croquis
pour t'en donner une idée.

Un des coins les plus animés de la ville
indienne est le marché : j'y ai vu, pour la première fois, tous les fruits exotiques qu'on puisse
rencontrer, ananas, noix de coco, bananes,
piments, poires énormes, arbre à pin, etc., etc.

Je n'ai passé que quatre heures à terre, car
nous repartions le soir, mais je t'assure que je
ne regrette pas ma journée. Il n'y a qu'un
revers de médaille : c'est la cherté de tout et la
difficulté d'échanger l'argent français contre
l'argent anglais sans trop se faire voler. Nous
avons quitté Colombo à 7 heures du soir ; à
peine sortions-nous du port qu'un cri que j'entends pour la première fois, et qui est terrible

à entendre, résonne sur le pont : un homme à la mer ! un homme à la mer ! On met immédiatement une chaloupe à l'eau : ce n'était pas un accident, mais bien un soldat de la légion qui s'était jeté volontairement à la mer, pour essayer de gagner le rivage et déserter ; une fois sur le sol anglais, on ne pouvait plus le reprendre.

Par malheur pour lui et quoique nageant vigoureusement, il a pu être repris par les matelots ; ramené à bord, on lui a fait prendre un cordial, puis on l'a mis aux fers : il y restera jusqu'à Hanoï, où il passera devant le Conseil de guerre.

A chaque transport, et c'est un fait que j'ignorais, il y a des tentatives de ce genre, et souvent elles réussissent.

Aujourd'hui nous voguons en pleine mer, nous dirigeant vers Singapour ; dans dix jours, au plus tard, je serai à Saïgon. La mer est toujours belle, mais la température est lourde ; depuis avant-hier, nous éprouvons des orages et des grains très souvent.

J'ai vu un orage de nuit ; je ne connaissais pas encore l'Océan sous cet aspect, mais je n'ai pu le contempler longtemps, chassé par les larges gouttes de pluie et les éclairs éblouissants qui m'aveuglaient.

25 mars.

Un dernier mot, mon cher frère. Nous sommes
en vue de Poulo-Condor, île servant de lieu de
déportation aux condamnés annamites ; demain,
nous débarquerons à Saïgon.

Depuis que je t'ai écrit le commencement de
cette lettre, nous avons joui d'un temps superbe,
naviguant comme sur un lac au milieu d'îlots
et d'îles merveilleuses de verdure et de pittoresque.

Notre traversée, somme toute, aura été magnifique : très peu de gros temps et une chaleur
toujours tempérée par une forte brise.

Dans quelques jours, dès que j'aurai visité
Saïgon et que je serai installé, je te donnerai de
longs détails sur ma nouvelle vie.

Un dernier baiser, le dernier qui parte de *la
Nive*.

II

CHOLON — SAÏGON

II

CHOLON — SAÏGON

Cholon, 27 mars.

Mes chers parents,

Enfin ! je suis arrivé à Saïgon hier 26 mars, après trente-huit jours de traversée.

A peine débarqués, nous avons été conduits au quartier de l'infanterie de marine pour y recevoir nos affectations : j'ai été désigné pour le poste de Cholon, c'est-à-dire en pleine ville chinoise.

J'y suis arrivé hier soir à cinq heures, c'est vous dire que j'ai eu bien peu de temps à passer à Saïgon ; j'ai pu néanmoins parcourir la ville qui mérite sa réputation ; elle ne le cède en rien à beaucoup de villes européennes ; j'avais vu Colombo qui m'avait émerveillé ; Saïgon, avec ses larges avenues, ses promenades splendides, ses maisons, véritables monuments, est plus beau encore ; la végétation y est grandiose : c'est la flore tropicale dans toute sa splendeur...

Cholon, où je suis fixé pour quelque temps, est une ville essentiellement chinoise. Je nage depuis hier dans le nouveau, le pittoresque. Cette vie nouvelle, au milieu des petits Anna-mites au costume sombre, aux cheveux enroulés en natte, parmi les Fils du Ciel aux longues tresses pendantes, cette langue bizarre que j'entends pour la première fois, tout cela me fait un peu l'effet d'un rêve. Quand mes idées seront fixées, je vous en ferai la description. Je tenais avant tout à vous rassurer sur mon sort ; soyez sans crainte pour moi ; ma santé est toujours excellente, et je ne suis pas à plaindre.

Cholon, 1ᵉʳ avril.

... Quelles délicieuses soirées, mon cher George[1], que ces soirées en mer, principalement dans la mer des Indes ! Comme on se laisse aller facilement à de douces rêveries, au milieu de ces vagues phosphorescentes, devant ce ciel magnifique de l'Orient, dans ce silence profond troublé seulement par la trépidation de la machine ou le sifflet strident des maîtres d'équipage ! Les souvenirs vous reviennent en foule dans ces moments où l'on est comme perdu en soi-même : on pense aux êtres aimés qu'on a abandonnés et on regrette de ne pas les avoir à ses côtés, pour leur faire partager la douce quiétude dans laquelle on vit. C'est absolument merveilleux.

Cholon, d'où je t'écris, est la ville essentiellement chinoise de la Cochinchine ; elle est située à quatre ou cinq kilomètres de Saïgon ; j'y suis détaché avec une compagnie de tirailleurs anna-

---

[1] M. George Troubat, son cousin, avocat à Montpellier.

mites, et depuis deux jours j'y ai commencé
mon service...

Je remets à plus tard le plaisir de te donner
des détails sur ma nouvelle vie. Il faut pour cela
que je m'habitue à cette langue harmonieuse que
j'entends parler, à ces soldats petits, aux yeux
bridés, au costume bizarre. Je suis un peu comme
dans un rêve, et, je te le répète, j'ai besoin de
mettre toutes mes idées en ordre...

Cholon, 20 avril.

Mon cher Raoul [1],

Tu t'imagines peut-être, ne recevant pas de mes nouvelles, que je suis mort ou que j'oublie mes amis : il n'en est rien. Je suis parfaitement en vie, mais depuis deux mois je passe par des phases tellement diverses, je vois des choses si étranges, des populations si bizarres, que je me demande par moment si je ne rêve pas. Aujourd'hui je commence à m'habituer à cette vie toute nouvelle pour moi, je me fais petit à petit aux mœurs chinoises et annamites, je m'acclimate en un mot. N'étant plus plongé dans cette torpeur, causée par les nouveautés qui ont défilé devant mes yeux, je songe que j'ai des amis en France et que je leur dois de mes nouvelles. Ah ! mon ami, que de charmes dans cette vie de colonie, en Cochinchine s'entend, et à la condition d'avoir une bonne

---

[1] M. Raoul Duvey, sous-officier au 28⁰ de ligne, à Paris.

santé ! que de charmes dans le voyage d'abord, que de belles soirées dans cet Océan Indien ! quelles bonnes et douces rêveries sous ce ciel étoilé devant le spectacle toujours changeant de la mer !

Et ici, à terre, quand la chaleur est tombée, quand la nature fait sa toilette pour la nuit, quelles soirées délicieuses je passe, sous les allées ombragées de tamariniers, de bananiers, de cocotiers, au milieu des exhalaisons enivrantes des plantes exotiques, dans un silence profond, troublé seulement par le gazouillis de ma petite japonaise Oki-Osa !

Tu ne peux te faire une idée de tout cela, et il faut voir ce spectable, en jouir, s'en imprégner, pour en sentir tout le charme.

Plus tard je te raconterai ma vie en détail ; attends pour cela que je ne sois plus en butte au mirage qui s'offre à ma vue chaque jour, attends que j'aie mis un peu d'ordre dans mes idées...

Cholon, 20 avril.

Mon cher Antoine,

Je ne veux pas laisser partir un courrier sans vous faire parvenir de mes nouvelles ; je te rassurerai tout d'abord, toi, maman et papa ; je me porte à merveille et tout va bien. J'ai payé cependant mon tribut au pays comme tout le monde, il a fallu m'acclimater ; pendant une dizaine de jours, il m'était impossible de manger ; si je me forçais un peu, je rendais immédiatement le peu de nourriture que je venais d'avaler.

Aujourd'hui c'est fini complètement et l'appétit est revenu définitivement ; je me suis repris à fumer, et c'est ce qui prouve que je suis bien remis.

Mais, pour se bien porter, il faut observer de grandes mesures d'hygiène et de prudence : les excès en quoi que ce soit vous annihilent bientôt et vous délabrent l'estomac ; bien manger, boire peu, ne pas faire de siestes trop longues, voilà ce qu'il faut à mon avis dans ce pays où règnent l'anémie et la dyspepsie.

Tu ne saurais croire avec quel bonheur je reçois de vos nouvelles et des journaux de France. C'est avec émotion que j'ouvre les lettres, avec avidité que je les lis et relis...

Comme je te l'ai dit déjà, je crois, Cholon, la ville où je suis, est la cité essentiellement chinoise de la Cochinchine ; tu ne saurais rien imaginer, pour un Européen nouvellement débarqué, de plus curieux qu'une promenade dans les rues de cette ville : une population vive, active, remuante. Chinois à la tête rasée et aux longues nattes tombantes ; Annamites petits, grêles, aux longs cheveux enroulés en chignon derrière la tête ; Malabars grands et forts, aux costumes bariolés ; tout ce monde va, vient, ne songeant qu'à faire du commerce ; des magasins multiples où tous les produits de la Chine se trouvent réunis dans un ensemble chatoyant, agréable à l'œil ; que de jolies choses dans ces magasins, que de meubles bizarres, de porcelaines magnifiques et réellement faites en Chine, celles-là ! Que d'étoffes, de coupons multicolores et splendides ! Je visite tout cela d'un œil étonné, me demandant par moment si je ne rêve pas, tant cela est encore nouveau pour moi.

Le soir, la ville prend un aspect tout à fait pittoresque : tous ces magasins s'illuminent, éclairés par ces grosses lanternes chinoises, aux dessins étourdissants ; les voitures et pousse-pousse circulent de toutes parts ; les passants se croisent, armés, eux aussi, de leurs lanternes ; c'est comme une immense et désordonnée retraite aux flambeaux, au milieu de laquelle éclatent les cris monotones des marchands de soupe, de mandarines, de cocos.

Quand tu as joui de ce spectacle extraordinaire, libre à toi de prendre une voiture rapide et de faire une promenade charmante aux environs de la ville ; tu passes alors des heures délicieuses, dans une douce température, imprégnée du parfum énervant des tamariniers et des bananiers; le silence est profond sous ces allées ombragées ; seuls les sifflements des margouillats, les cris des toc-ket, le bruit sourd du tam-tam, vous rappellent que la nature n'est pas complètement endormie ; tu te laisses aller alors dans une douce quiétude, emporté par le galop des petits chevaux annamites, bercé mollement et écoutant avec ravissement le gazouillement de la jolie petite japonaise qui est assise à tes côtés.

Voilà comment je passe mes soirées, mon

cher Antoine, la plupart du temps, et voilà ce qui donne un grand charme à la colonie ; mais en revanche, les journées sont dures. Le soleil est terrible et il ne faut pas le braver. Mes petits tirailleurs sont de gentils soldats, dévoués, disciplinés et très doux : je les considère un peu comme des enfants de troupe ; je ne les brutalise pas comme font certains de mes collègues, je trouve cela barbare ; il faut au contraire les prendre par la douceur, se les attacher.

Après tout, nous sommes chez eux : il est vrai qu'ils ne s'en plaignent pas, car nous les protégeons contre les Chinois ; mais qui sait si, dans cinq ou six cents ans, ce ne sont pas les Chinois qui seront chez nous ? il y a tout à craindre d'un peuple aussi envahissant.

J'ai un boy qui m'est très attaché, du moins je le crois : il n'a qu'un défaut, celui de prendre mon eau de toilette pour sa congaï, et de me fumer mon tabac quand il met la main dessus ; à part cela, je n'ai pas besoin de le pousser au travail ; il lave, recoud, cire, sans que je m'en occupe : il répond au nom de Liù Van No, et comme il ne parle pas français, et que je connais très peu d'annamite, nous avons quelquefois de la peine à nous comprendre.

La langue annamite, à laquelle je m'efforce de m'habituer, est une langue monosyllabique : les mots ne se distinguent que par les sons et ont une signification différente, suivant l'intonation qu'on leur donne ; aussi est-elle essentiellement chantante, et j'éprouve un grand plaisir à l'entendre parler par les femmes. C'est un véritable gazouillis.

C'est tout ce que je leur trouve d'agréable d'ailleurs : quelques-unes sont gentilles, mignonnes, mais leur mauvaise habitude de mâcher du bétel les dépare à mes yeux. Je leur préfère de beaucoup les Chinoises aux yeux en amande et aux jolies dents, et encore plus les Japonaises qui sont réellement jolies.

Je ne crois pas rester longtemps à Cholon : dans deux ou trois mois, je vais monter au Siam probablement, à Khône ou Chantaboum. Je crois que tout n'est pas fini par là, et que j'aurai peut-être la chance d'assister à une campagne de guerre ; c'est tout ce que je souhaite, et ce que nous souhaitons en général.

Saïgon, 19 mai.

Mon cher frère,

...Comme je te l'ai écrit dans ma dernière
lettre, je suis maintenant à Saïgon, secrétaire
chez le trésorier ; j'ai une existence très douce,
très tranquille : c'est la vie de bureau dans
toute sa placidité et sa monotonie.

J'espère que d'ici peu de temps, il y aura
quelque chose au Siam : on en parle à voix basse,
à mots couverts, on s'observe de part et d'autre,
et on n'attend qu'une occasion pour recommencer ; si les opérations recommencent, je
ferai mon possible pour y prendre part et avoir
ainsi le bénéfice d'une campagne de guerre.

Saïgon que je connais bien est une ville fort
jolie, les promenades surtout y sont splendides :
le jardin botanique, véritable nid de verdure où
l'on trouve les plus belles plantes de la flore
tropicale, est merveilleux ; je me promène souvent
le soir dans ces allées ombreuses, alors pleines de
fraîcheur, au milieu d'un décor féerique, gran-

diose, admirant les découpures fantastiques de ces feuillages exotiques : rien en France ne peut te donner une idée de ce spectacle.

Nous avons aussi ce que l'on appelle le Tour d'Inspection, qui correspond au Bois de Boulogne ; tous les soirs, vers cinq heures, quand la chaleur est tombée, élégants et élégantes de Saïgon partent en voiture et font une promenade d'environ dix kilomètres autour de la ville.

C'est le moment où l'on se montre, où, comme en province, on arbore les toilettes neuves, où on fait galoper les chevaux nouvellement achetés ; tout le monde se croit obligé d'avoir une attitude raide, guindée, pleine de dignité : tous posent, principalement les gens qui ont été forcés de quitter la France, ont réussi dans leur commerce et essaient de faire oublier leur origine ou leur passé plus ou moins véreux par leur morgue et leur fierté. La société de Saïgon passe son temps à se jalouser et à se dénigrer ; la vie privée n'y est pas ménagée, si correcte qu'elle soit...

C'est une bien jolie ville au point de vue physique, mais le caractère de la population est bien laid...

Saïgon, le 2 juin.

Mon cher père,

Je profite d'un moment de tranquillité pendant la sieste pour te donner de mes nouvelles et te prier de m'en envoyer des vôtres. Je les attends toujours avec impatience, et j'ai le cœur serré chaque fois que le courrier de France ne me remet pas de lettres ; il faut se trouver éloigné comme je le suis pour ressentir l'émotion que l'on éprouve malgré soi, lorsque l'on aperçoit la flamme tricolore du bateau français qui entre dans Saïgon : jamais arrivée ne fut souhaitée, attendue plus ardemment.

La vie que je mène à Saïgon, je l'ai déjà écrit à Antoine, est la vie calme de l'employé de bureau, trop calme même pour moi : je n'ai pas assez d'exercice et je suis forcé d'y suppléer par de longues marches le soir ou des promenades à bicyclette. Nous sommes entrés dans la saison des pluies, ce qui pour nous représente l'hiver : tous les jours, à la même heure, de violents

orages éclatent, accompagnés de pluies torren-
tielles : c'est effrayant et magnifique à la fois.
J'ai pu admirer ce spectacle en mer, en allant
porter la solde au cap Saint-Jacques : nous avons
été assaillis par un grain et secoués comme dans
un panier à salade ; mais le coup d'œil était
splendide. Le peindre est impossible ; on reste
sans force, abîmé dans la contemplation de ces
vagues hautes comme des montagnes, de ces
nuages lourds et noirs comme de l'encre, affec-
tant des formes fantastiques et zébrés par des
éclairs, longs de plusieurs lieues ; on éprouve à
la fois une sensation de peur et de plaisir ;
malgré soi, on reste sur le pont pour admirer
ces violences de la nature.

Mais en revanche cette saison est mauvaise
pour la santé, nous sommes plus ou moins tous
souffrants, c'est un malaise général, qui chez
moi dégénère en dyspepsie. Ce n'est rien et je
combats ce mal par de l'eau de Vichy.

... Malgré les affirmations de Lanessan, qui ne
paraît pas beaucoup aimé ici, le Tonkin est loin
d'être pacifié : tous les jours nous apprenons
quelque rencontre avec les pirates.

Il en est de même pour le Siam. Je crois bien
que le dernier mot n'est pas dit sur cette expé-

dition : on se prépare à quelque chose sûrement. En attendant, les maladies et les fièvres nous font plus de mal que les balles ennemies ; j'ai des collègues qui descendent du Haut-Mékong, de Khône principalement, qui sont éreintés et qu'on ne peut que faire rentrer en France.

Cependant si l'occasion se présente de faire campagne de guerre, je tàcherai de ne pas la manquer...

Saïgon, 20 juin.

Mon cher Antoine,

J'attendais de tes nouvelles avec impatience
et j'ai été bien heureux d'en recevoir par le
dernier courrier. Ces lettres qui viennent de
France, avec quelle joie mêlée d'inquiétude on
les attend, on les décachète, on les lit ! Et quel
rayonnement de bonheur, lorsque les nouvelles
des êtres chers restés là-bas sont bonnes et vous
délivrent de toute anxiété ! Que te dirai-je aujourd'hui, mon cher Antoine ? Mes premières
impressions, tu les connais ; elles sont toujours
bonnes, excellentes même.

Mais je cherche maintenant à les dégager du
côté trop pittoresque, trop poétique, dans lequel
verse presque toujours tout nouveau débarqué
en Cochinchine. Je sors peu à peu de mon rêve,
j'essaye de classer mes idées, d'en tirer quelque
chose se ressentant du sentiment du beau que
j'éprouve devant cette merveilleuse nature et
dégageant en même temps un côté pratique,
pour ainsi dire.

Plus j'examine, plus j'étudie cette race annamite, douce, polie, affable, que beaucoup de
nous, infatués de notre civilisation, trouvent
inférieure et sournoise, plus je la trouve intéressante à connaître.

La plupart des Européens méprisent l'Annamite ; c'est d'ailleurs le propre de la race blanche
de dédaigner tout ce qui n'est pas de sa couleur.
Et cependant, qui sait ? Ne serons-nous pas un
jour soumis nous-mêmes à cette race asiatique ?
Cela commence déjà, à Saïgon même, sinon par
la force, la domination, du moins par l'argent.
Combien peu de ces gros messieurs européens,
qui roulent carrosse à deux chevaux, ne sont
point les tributaires des Malabars ou des Chinois
par les piastres qu'ils leur doivent ?

Mais ce n'est point la race jaune proprement
dite que je veux étudier : c'est le peuple annamite lui-même, dans sa vie, ses mœurs, ses
idées, que je voudrais connaître à fond, car je
ne te cacherai point qu'il m'intéresse extrêmement ; on le croit faible, sournois, méchant, mais,
comme me le disait dernièrement un lettré
annamite d'une intelligence distinguée, c'est là
le propre des peuples soumis, qui obéissent
contre leur gré à une force supérieure. Je suis

persuadé qu'il y a une étude fort intéressante à faire sur cette race qui possède deux qualités françaises au moins : la gaieté et l'esprit naturel.

Mais avant d'entreprendre et d'écrire cette étude, je veux connaître et parler l'annamite. Et c'est à quoi je m'applique dès maintenant, car je crois que pour bien connaître un peuple il faut savoir et comprendre son langage ; il vaut beaucoup mieux être son propre interprète que de se servir d'un tiers.

D'ailleurs, outre que la prime d'annamite me rapporterait 400 francs de plus par an, cette langue est curieuse à connaître et agréable à parler et à entendre surtout ; c'est la langue chantante par excellence, caractère résultant de sa formation monosyllabique, et dans la bouche des femmes et des enfants elle est charmante à entendre : on dirait un gazouillis d'oiseau. Les mots, selon qu'ils sont prononcés sur tel ou tel ton, ont des significations différentes ; ainsi, un seul mot peut avoir jusqu'à sept ou huit sens différents, selon que dans l'écriture il a un accent ou un autre, et dans la prononciation telle élévation de la voix ou tel abaissement. Dans les premiers temps, il est difficile de s'habituer à cette gamme ascendante et descendante, mais on s'y fait à la longue, et rien de plus agréable, je t'assure, lorsqu'on arrive à se faire entendre des Annamites.

Mais je suis obligé de fermer ma lettre, car le courrier part dans une heure.

Saïgon, 3 août.

Mon cher père,

Je reçois ce soir par le courrier de France ta lettre, celle d'Antoine et les journaux. Je suis fort heureux de recevoir de vos nouvelles et plus heureux encore d'apprendre qu'elles sont bonnes ; une semaine me semble bien longue quand elle se passe sans m'apporter cette consolation. Quant à moi, je me porte maintenant de mieux en mieux ; mon indisposition première a disparu ; c'était, je crois, une simple question d'acclimatation.

Je digère beaucoup plus facilement et plus rapidement ; je me borne à prendre de l'eau de Vichy à tous mes repas, et je m'en trouve fort bien. J'éprouve parfois quelques accès de fièvre, mais il faut les attribuer à la mauvaise saison que nous traversons en ce moment : c'est une chaleur lourde, malsaine, pleine d'humidité. Tous les soirs, à heure fixe, éclatent de violents orages et des pluies diluviennes si serrées que l'on dirait un épais brouillard.

On ne peut guère songer à sortir et on reste confiné chez soi ; c'est ce que nous appelons l'hiver dans les pays chauds, l'hiver supporté en pantalon blanc et en dolman de toile.

Ce n'est que sur les dix heures du soir que l'on peut aller se promener, lorsque la pluie a cessé. C'est alors un véritable soulagement ; on respire avec délices, il semble que le cerveau soit soulagé d'un poids immense...

Je ne m'ennuie pas, comme tu parais le croire ; j'observe tous les jours quelque chose de nouveau, d'intéressant ; mais la vie de bureau que je mène ne me plaît guère ; je voudrais m'enfoncer dans la brousse, mener une vie plus active, voir, non pas une ville civilisée, mais les villages véritablement annamites, aller au Siam, au Cambodge, où nous avons des postes. C'est là seulement qu'on peut prendre des croquis sur le vif...

Quant au châle des Indes, n'oubliez pas que je ne suis pas aux Indes, mais en Cochinchine. Je me suis adressé à plusieurs Malabars, qui m'ont répondu qu'on pouvait en trouver de véritables aux Indes même, à Pondichéry ; ici on est infesté d'objets de pacotille anglaise, ou de provenance chinoise... Ce n'est pas la mémoire qui me fait défaut, c'est la peur de me laisser rouler par quelque marchand et d'envoyer des choses qu'on trouve au Bon Marché...

Saïgon, 8 août.

Mon cher Antoine,

Si je n'avais pas eu la bonne ou mauvaise
chance, l'avenir me le dira, d'être employé de
force chez le trésorier, je t'écrirais aujourd'hui
du Haut-Mékong, de Khône, de Bassac ou de
Ban-Muong, car ma compagnie vient de s'y
transporter. Je serais dans un pays malsain,
c'est vrai, mais peu connu, et par suite, plein
d'intérêt ; j'aurais vu les Cambodgiens, après
avoir vu les Chinois et les Annamites, et ma
lettre n'en aurait que plus de charme, puisque
tu me demandes des détails sur ma vie. Je me
bornerai donc à te parler de ce que je vois pour
le moment.

Saïgon, je te l'ai déjà écrit, est une ville fort
jolie, mais en dehors de ses promenades, de ses
jardins, c'est une ville trop européenne pour que
je puisse m'y trouver attiré.

Je préfère occuper mes soirées à me promener

aux alentours, à Dakao par exemple, le village annamite par excellence.

Là se trouvent les véritables cai nhà (demeures), maisons construites en bambous, dans lesquelles grouille toute une population de nhà què (paysans).

Ces maisons sont bien simples et la construction en est des plus primitives : une simple case, renfermant une seule chambre séparée en deux parfois par une mince cloison ou un rideau ; dans un coin, un autel en l'honneur de Bouddha, sur lequel on allume tous les soirs de petites baguettes particulières, brûlant naturellement et répandant une odeur assez pénétrante.

Un lit de camp, des hamacs pour les enfants, quelques ustensiles nécessaires au ménage, voilà tout ce que comporte l'ameublement. La cuisine se fait au dehors, devant la porte, le feu allumé entre deux pierres. Toute la famille vit là-dedans, au milieu d'une malpropreté assez grande. Des chiens, très hargneux pour les Européens, des porcs énormes, ventrus, — de véritables caricatures, — quelques poules, des enfants à demi ou complètement nus jouant au milieu de tout cela, tel est le tableau qui vous est offert. Nous sommes loin de la propreté, du luxe des Chinois.

La nuit, aucun Annamite ne songe à sortir ;

il vit en famille ; il a d'ailleurs une peur
effroyable du diable, du mauvais esprit ; pour
le chasser, on tape, d'instant en instant, sur un
tam-tam qui résonne d'une façon étrange ; cela
sert également à écarter les pirates, qui sont
très redoutés.

La veillée des morts est saisissante : toute la
famille, portant en signe de deuil le turban
blanc enroulé autour de la tête, est réunie devant
la bière, chantant des airs monotones d'une voix
douce et plaintive. Les hommes s'accompagnent
d'un instrument en forme de guitare et en tirent
des sons aigus.

On apporte des présents pour contenter
Bouddha, des victuailles et des fruits pour que
le défunt ne manque de rien ; mais il faut chasser le mà qui (le diable). Alors on allume des
pétards qui éclatent de tous côtés, faisant un
tapage infernal pendant que les chants redou-
blent.

Cette cérémonie continue plusieurs jours de
suite, pour que le mort soit content et que son
âme ne vienne pas troubler la famille.

La première fois que je vis cela, je me pro-
menais dans le village à une heure assez avancée,
et lorsque, attiré par le bruit, je pénétrai dans

la case où se faisait la cérémonie, je t'assure que je me suis demandé si je ne rêvais pas, tellement ce spectacle m'a paru étrange.

Une des grandes distractions de l'Annamite, c'est le théàtre : point n'est besoin de s'y faire conduire, le bruit qui y règne le fait reconnaître d'assez loin.

Ne compte pas y trouver beaucoup de luxe : c'est une case plus grande, plus élevée que les autres, voilà tout. D'un côté sont assises les congaï (femmes), de l'autre les hommes ; quelques places sont réservées aux notables.

La scène n'existe pas, on a tout simplement ménagé un espace carré au milieu de la case et mis un rideau pour figurer les coulisses.

L'action commence ; c'est toujours à peu près le même canevas : un roi ou une reine déplore ses malheurs, le traître reconnaissable à son masque hideux veut le ou la tuer ; les guerriers arrivent, on se bat au milieu de cris assourdissants, d'un bruit effroyable de tam-tam, de gong. Enfin le traître est vaincu. Et cela dure des heures sans que personne ne semble lassé.

C'est curieux à voir, mais bien dur à une oreille européenne.

Une de mes grandes distractions à Saïgon est

d'aller parcourir le marché : même bruit, mêmes cris qu'aux Halles ; les cris sont plus aigus, les fruits, les poissons différents ; mais voilà tout.

A propos de marché, veux-tu une idée de la nourriture d'un Annamite ? Oh ! il n'est pas bien difficile : une large écuelle de riz, qui, pour lui, remplace le pain, un petit morceau de porc rôti, du poisson grillé, un verre d'eau par là-dessus, un peu de choum-choum (eau-de-vie très forte), quand il a quelques sapèques d'économie, et le repas est terminé ; bien entendu, la four-chette et la cuiller sont pour lui des instruments inutiles : deux baguettes maniées très adroite-ment lui servent à porter les aliments à la bouche.

Je préfère de beaucoup la soupe chinoise : c'est un mets difficile à analyser, mais c'est très bon, à mon avis du moins. Figure-toi un mé-lange de bouillon, de pâtes alimentaires très minces, de fines herbes, de crevettes et de porc rôti, le tout aromatisé de nu' oc mam (espèce d'huile de poisson).

Tu arrêtes un marchand de soupe, reconnais-sable au bruit qu'il fait avec une sorte de casta-gnettes : il fait la soupe devant toi, tu t'assieds sur tes talons, prends tes baguettes de la main

droite, ton bol de l'autre main, et, pour deux
ou trois *cents*, tu te nourris fort bien ; mais il
faut s'y habituer.

Pour moi c'est chose faite, et je suis arrivé
à très bien manier mes baguettes.

Quelque chose de bien pittoresque aussi, ce
sont les promenades en sampang ; le sampang
est une embarcation longue de trois à quatre
mètres, recouverte d'une natte en jonc. Toute
une famille annamite vit là-dedans, y mange,
y couche, y dort. Pour une trentaine de sous,
vous faites une promenade délicieuse, le soir,
sur l'arroyo. Le mari, à l'avant, dirige l'embarcation avec une sûreté remarquable au milieu
des nombreux remous du fleuve ; la femme, à
l'arrière, tient le gouvernail ou une rame qui
en tient lieu, et vous, étendu sur une natte,
vous vous laissez aller doucement au fil de
votre rêverie, bercé par le roulis et le chant
monotone et étrange des rameurs, tandis que
les lourdes jonques chinoises vous croisent avec
rapidité et que dans le lointain la sirène de
quelque navire lance des appels réitérés sem-
blables à une plainte dans la nuit. Sous ce ciel
magnifique, par ces superbes clairs de lune, aussi
dangereux que le soleil dans ces régions, et qui

donnent aux rives du fleuve des jeux d'ombre et de lumière fantastiques, tout cela tient de la fantasmagorie.

Tu croiras que j'exagère, pas le moins du monde ; je ne songe qu'à te faire part de mes impressions ; peut-être y mets-je trop d'enthousiasme, d'imagination ; je vois ce spectacle comme cela, et je te le raconte comme je le vois...

Saïgon, 3 octobre.

Mon cher Antoine,

Aéo me ! au me cha me ! tù'c mính quả ! tels
sont les jurons annamites que je laissais échapper en lisant ta lettre datée de Marseille et celle
de mon oncle, que vous avez tous signée. Je suis
charmé d'apprendre que vous êtes tous réunis,
tous en bonne santé, et que vous passez. de
bonnes journées... Si j'en juge par ta lettre et
ton mot plein d'enthousiasme sur Marseille, tu
fais un charmant voyage.

Je suis heureux que vous soyez montés à bord
du *Saghalien* : c'est un des plus beaux paquebots
des Messageries maritimes, et je l'ai visité depuis
longtemps. Le soir même de la réception de vos
lettres, j'ai dû aller à bord, et il me semblait,
en me promenant sur le pont, vous y voir et
vous entendre causer de moi, de la Cochinchine,
des dangers de la traversée, que sais-je ? Peut-
être me sera-t-il donné de rentrer par le même

bateau, et quelle joie si nous pouvons nous trouver tous à l'arrivée !...

Pour le moment, ma vie est toujours la même à Saïgon. Pendant que vous allez entrer en hiver, pour moi, c'est le contraire : c'est la saison sèche qui revient, nous allons rester sept ou huit mois sans avoir une goutte de pluie, et en moyenne avec 35 ou 40° de chaleur.

Je me suis habitué facilement à cette température, et maintenant ici tout me semble naturel : on croirait que je n'ai vécu qu'au milieu des Chinois et des Annamites. A propos de Chinois, tu n'es pas sans savoir qu'il y a la guerre entre eux et les Japonais (ce qui gêne pas mal le commerce, entre parenthèses). Eh bien, j'ai une singulière idée du patriotisme des Célestes. Quand on leur parle de leurs défaites, de leurs bateaux coulés, ils vous répondent : « Oh ! ça n'a rien faire. Japonais pouvoir prendre Pékin. Chine grande, grande, toujours forte. Chinois être partout. » Ils sont absolument sûrs d'eux, et ont confiance dans leur nombre. On ne voit pas de peuple plus commerçant ; tout le commerce de Saïgon, sauf les cafés et quelques magasins européens, leur appartient, et tout le monde se fournit chez eux à cause du bon marché. Vête-

ments, chaussures, meubles en bambous, horlo-
gerie, ils tiennent tout.

Pour nous, sous-officiers, nous faisons faire
nos dolmans, tous nos effets chez eux, et chaque
mois, le jour de la solde, tu es sûr de trouver
trois ou quatre Chinois devant ta porte, tailleur,
cordonnier, blanchisseur, qui te demandent :
« Y en a, monsieur, toucher piastres. »

Ils ne font pas payer trop cher. Ainsi un
dolman blanc et un pantalon me reviennent à
4 piastres (la piastre vaut en ce moment 2 fr. 80),
une paire de chaussures vernies, 1 piastre 70.

En Cochinchine, on ne trouve de monnaie
française que chez les Malabars ou dans les maisons de banque ; la monnaie courante est la
piastre, le cent et la sapèque : la piastre, selon
le commerce, varie entre 2 francs 50 et 4 francs,
de sorte qu'il y a un jeu de hausse et de baisse,
dont peuvent profiter ceux qui ont des écono-
mies. Ainsi, si j'ai de côté aujourd'hui 50 piastres
à 2 francs 80, ce qui vaut 140 francs de notre
monnaie, je ne les changerai pas encore contre
de l'or : j'attendrai que la piastre monte à
4 francs par exemple, mes 50 piastres vaudront
200 francs ; et toujours comme cela. C'est donc
un agiotage continuel...

III

L'ILE DE KHONG

III

L'ILE DE KHONG

Khong, 20 novembre.

Mon cher Antoine,

C'est du fond de nos postes les plus avancés de la Cochinchine, en plein Haut-Mékong, en pays laotien, que je date ma lettre ; je suis ici pour un mois ou deux, à plus de mille kilomètres de Saïgon...

Je suis à Khong, île que nous occupâmes l'an dernier au début des hostilités avec le Siam. J'ai mis quinze jours pleins pour y arriver, voyageant tantôt en bateau à vapeur, tantôt en pirogue, quelquefois à cheval ; c'est très fatigant, mais c'est splendide.

J'ai mené la vraie vie d'explorateur, seul Européen avec une dizaine de tirailleurs, leurs femmes et enfants et mes coolies laotiens. Si tu veux te faire une idée de la longueur du trajet, prends une bonne carte de l'Indo-Chine, remonte le Mékong en passant par Kratié, Stung-Treng, Khône, Khong, Ban-Mouang : c'est dans cette région que je me trouve pour le moment. Mais ce dont vous ne pouvez vous faire une idée, c'est de ce fleuve tumultueux, plein de vagues et de remous, dont on a peine à apercevoir les deux rives.

Jusqu'à Kratié, j'ai pu voyager dans un bateau des Messageries, à bord duquel j'étais relativement bien. Jusqu'à ce poste, le fleuve est imposant par sa largeur qui est de près de deux kilomètres ; mais le paysage est plat, comme tous ceux de la Cochinchine.

A partir de Kratié, il m'a fallu naviguer en pirogue en raison des basses eaux ; c'est alors qu'a commencé ma vie sauvage, mais je ne regrette nullement d'avoir mené au moins une fois cette existence.

J'avais avec moi onze pirogues, occupées par

mes tirailleurs, et une réservée à mon usage :
ces pirogues sont de simples troncs d'arbres
creusés, longs d'une dizaine de mètres et larges
de deux environ : un toit en bambou recouvre
l'espace réservé aux passagers, et les met à l'abri
du soleil ou des pluies.

Les Laotiens manœuvrent ces embarcations,
qui semblent toujours prêtes à chavirer, avec une
dextérité remarquable... On y est assez mal, et
il n'y a qu'une posture permise, la façon de
s'asseoir des Turcs. Il ne faut pas songer à trop
remuer sous peine de chavirer ; mais que de
compensations dans l'aspect du paysage !

Les eaux du Mékong sont basses, car nous
entrons dans la saison sèche, et le niveau du
fleuve est descendu de sept à huit mètres : on
navigue sur un torrent large de huit à neuf
cents mètres où les roches, les arbres énormes,
émergent de tous les côtés et forment autant de
rapides.

Du côté de Sambor surtout, endroit où les
rapides sont le plus dangereux, c'est splendide.
Du fond de la pirogue, on se sent comme attiré
vers les gouffres, les mille tourbillons de l'eau.
La pirogue glisse comme une flèche, pointant
juste sur une roche ou un immense tronc

d'arbre ; on croit que l'on va s'y briser, on ferme presque les yeux, mais avec leurs lances ou leurs rames, les Laotiens s'arcboutent contre l'obstacle, poussent des cris sauvages et filent au milieu de tous ces passages dangereux avec une adresse inouïe.

Quelquefois un homme glissant sur le plat bord tombe à l'eau ; mais, excellent nageur, il s'en retire presque toujours sain et sauf.

Non, je t'affirme, il faut voir cela de ses propres yeux, passer par toutes ces émotions pour croire ce qu'on écrit là-dessus et qu'on pourrait taxer d'exagération. Voilà donc la vie que j'ai menée pendant une douzaine de jours. Je partais au lever du soleil, vers les cinq heures et demie ; sur les dix heures, premier arrêt sur la rive pour allumer les feux et permettre aux Laotiens de cuire leur riz et leur poisson.

Sais-tu comment ils attrapent ce poisson ? L'un d'eux, en avant de la pirogue, est armé d'une longue pique qu'il lance dans l'eau avec force aux endroits propices ; lorsqu'il sent une résistance, il pousse un certain cri, un rameur se jette à l'eau, plonge et ramène la plupart du temps un poisson énorme, de forme inconnue chez nous. J'ai goûté à quelques-uns et je t'assure que la chair en est très bonne.

Le soir, j'arrêtais le convoi quand bon me semblait, lorsque j'avais trouvé une bonne plage de sable ; toutes les pirogues étaient soigneusement amarrées et l'on allumait les feux pour la cuisine et pour la nuit. Les Laotiens couchaient à terre sur leurs nattes ; les Annamites, tirailleurs, femmes et enfants préféraient les pirogues. Pour moi, j'étendais ma couverture près de mon feu, m'enroulais dans un manteau et dormais la tête sur ma valise.

Il eût été plus prudent de coucher dans ma pirogue, mais l'odeur de poisson salé qui y régnait m'empêchait de le faire. C'eût été plus prudent, à cause des tigres assez nombreux dans cette région ; mais je t'avoue que je ne l'ai pas entendu une seule fois.

Un soir seulement, à l'emplacement de la halte, j'ai vu les empreintes d'un tigre qui devait venir boire à cet endroit de la rive et qui était fort gros, à en juger par ses traces.

Les feux furent vite allumés ce soir-là, car Annamites et Laotiens ont une peur effroyable du seigneur tigre ; il ne se passa rien, mais petit à petit, dans la nuit, hommes, femmes, enfants étaient venus se masser autour de moi, qui seul étais armé.

L'année dernière, pendant l'expédition du Siam, un soldat d'infanterie de marine fut enlevé au milieu de ses camarades par un tigre, et on ne retrouva son cadavre que le lendemain : le ventre était complétement ouvert et une cuisse arrachée.

Tu vois qu'on ne saurait trop prendre de précautions contre cet animal ; je ne désespère pas de vous en rapporter une peau, mais que je n'irai pas cueillir moi-même.

Voilà à peu près, mon cher Antoine, un aperçu de mon existence, agréable et désagréable, mais pittoresque surtout, et telle que je désirais l'avoir.

Aujourd'hui je suis à Khong, grande île au milieu du Mékong. Je n'y suis pas pour long-temps, je pense, et je rentrerai à Saïgon pour suivre les cours de Saint-Maixent.

Ce sera alors la vie de caserne, de garnison qui me reprendra dans toute sa monotonie ; mais si j'ai le bonheur de réussir, je recher-cherai alors comme officier ces expéditions loin-taines, ces courses dans les brousses, au milieu des lianes, sur ces fleuves imposants encore mal connus, parmi ces populations jaunes ou noires, si curieuses à étudier, et qui sont encore des peuples enfants...

P. S. — Dis à papa d'être mon interprète auprès de M. Paul Eudel pour le remercier de m'avoir mis en relation avec M. Durazzo[1] : jamais recommandation ne me fut si utile.

[1] M. Etienne Durazzo, conseiller à la Cour de Saïgon, neveu de M. Paul Eudel.

Khong, 18 décembre.

Mon cher Antoine,

J'ai été bien heureux de recevoir ta dernière lettre : je ne suis pas, comme tu pouvais le croire, en Chine, en train de mettre la paix entre les Célestes et les Japonais. Je suis tout simplement dans le Haut-Mékong, en plein Laos, pays que tu dois ignorer certainement, car, en France, on s'imagine aisément que la Cochinchine, le Siam, le Tonkin ne font qu'un. La dernière lettre que j'ai reçue de George portait comme suscription : « Corps expéditionnaire du Tonkin. » Je suis loin d'en faire partie, et Tirailleurs tonkinois et Tirailleurs annamites sont deux corps bien distincts.

Donc, pour te faire une idée de l'endroit où je suis, remonte, sur une bonne carte, le Mékong, et, quand tu seras arrivé à huit ou neuf cents kilomètres, ce qu'il te sera facile de voir par l'échelle, tu trouveras l'île de Khong, mon poste actuel.

Je t'ai déjà raconté mon voyage à travers les rapides, voyage très dur, mais extrêmement intéressant. Nous menons la vie de campagne, quoique en paix aujourd'hui, mais il faut se tenir sur ses gardes, le Siam n'étant pas bien loin, et le fameux Etat-Tampon n'étant pas encore délimité, en dépit des missions qu'on y envoie. Du côté des Laotiens, nous n'avons rien à craindre, c'est un peuple très doux et craintif à l'excès. En général, ils sont grands, robustes et bien faits ; les traits du visage sont réguliers, le teint très brun, les cheveux coupés courts et en brosse. Leurs vêtements consistent en étoffes qu'ils travaillent eux-mêmes très habilement, et qu'ils se jettent négligemment autour du corps. Ils sont indolents et mous, et se contentent de peu comme nourriture.

Extrêmement superstitieux, ils professent pour leurs bonzes un culte manifeste. Ils adorent Bouddha, leur grand dieu, dont on trouve des statues ou statuettes en immense quantité.

Devant notre camp existe une ancienne pagode, très importante avant l'occupation française et aujourd'hui abandonnée, dans laquelle on voit un bouddha gigantesque. Si je pouvais l'emporter, je le ferais avec plaisir ; mais les frais seraient trop grands : je me contenterai d'en prendre un croquis.

La langue laotienne est monosyllabique et gutturale. Cependant, chez les femmes et les enfants, elle atteint des accentuations très douces. Elle est beaucoup moins difficile à apprendre que la langue annamite, les intonations n'y existant qu'à un faible degré.

Les maisons laotiennes sont de simples cases en bambous et paillotes, à un seul compartiment, dans lequel la famille vit tout entière : généralement elles sont sales et mal entretenues.

La principale occupation des habitants est de tisser des étoffes ou plutôt la laine qu'ils revendent aux Cambodgiens et aux Siamois. A part cela, leur commerce est à peu près nul. Ils font de préférence des échanges ; leurs monnaies consistent en sous du Siam et en boules d'argent de la valeur d'environ trois francs. Ils prennent avec plaisir les pièces d'argent, surtout les piastres, au milieu desquelles ils percent un trou et qu'ils s'attachent autour du cou.

J'ai vu un Laotien qui avait ainsi une médaille commémorative de Jeanne d'Arc, et qui en était très fier ; il ne l'aurait pas donnée pour je ne sais quoi.

Comme je te l'ai dit, ils nous sont extrêmement soumis ; on sent, à les voir, leur ancienne condition d'esclaves.

Jamais un Laotien, qui marche derrière un Européen, ne cherchera à le dépasser ; s'il se trouve sur sa route, il s'écarte immédiatement pour le laisser passer et courbe la tête en témoignagne de respect. Ils paraissent également très soumis vis-à-vis de leurs notables ; pendant mon voyage, le chef des coolies est venu me demander la permission de faire donner la bastonnade à un de ses hommes qui avait volé. J'ai autorisé la chose pour empêcher le fait de se reproduire, mais j'ai arrêté le supplice au bout du troisième coup de bâton. Le voleur paraissait parfaitement résigné à son sort, sachant d'avance la peine qui lui était réservée ; et si je n'avais pas été là, il aurait reçu quinze à vingt coups de bambou sur les reins.

Comme tous les peuples de l'Extrême-Orient, les Siamois sont avides des couleurs voyantes, des bijoux, des colifichets. Les femmes portent presque toutes de gros bracelets de cuivre travaillé aux pieds et aux bras, et des boucles d'oreilles. Leur chevelure est retenue au sommet par un nœud d'étoffe, jaune la plupart du temps.

Il est assez difficile de se procurer de ces bijoux ;
j'ai pu cependant avoir un bracelet en cuivre
pour dix *cents* (environ cinq sous de chez nous).
Elles s'habillent d'une sorte de jupon et d'une
étoffe cachant les seins et la poitrine. Sans être
jolies, elles ont des traits assez réguliers, surtout
étant jeunes ; mais le bétel dont elles usent avec
excès les dépare considérablement.

Tel est à peu près le peuple au milieu duquel
je vis pour l'instant. Je remets à plus tard la
description du pays.

Le climat de Kong me paraît excellent et je
ne me suis jamais mieux porté depuis mon arrivée
dans la colonie. Je préfère de beaucoup la température d'ici à celle de la Cochinchine ; en cette
saison surtout, elle est tempérée par la fraîcheur
des nuits.

Khong, 26 décembre.

Mon cher Antoine,

... Je n'ai pas mes aises tous les jours. Nous menons la vraie vie de campagne, mais sans le bénéfice de campagne de guerre, sans même l'espoir de la médaille coloniale. Pas un de ces Siamois n'aura l'idée de nous attaquer, quand ils pourraient le faire si facilement.

Je ne puis me battre qu'avec des serpents ou des tigres, qui pullulent dans ces régions, en cette saison des basses eaux. Un de mes camarades a même disparu à Khône, dans des conditions mystérieuses. A-t-il été enlevé, s'est-il noyé, a-t-il été tué par des indigènes ? Impossible de le savoir et de retrouver sa trace. Il est vrai qu'il habitait seul dans une case isolée, et qu'il parcourait tous les soirs cinq cents mètres à travers bois.

J'ai vu avant-hier, dans le courant d'une marche, le commencement de l'Etat-Tampon... Je l'ai vu loin, bien loin, et n'en ai qu'une faible idée ;

mais il est loin d'être délimité. Des missions partent tous les jours pour tâcher de s'y reconnaître, et je ne désespère pas d'en faire peut-être partie...

Khong, 6 janvier 1895.

Mon cher père,

... Je mène une vie qui se rapproche plus de celle du sauvage que de celle de l'homme civilisé. Note bien que je n'en suis pas autrement fâché, et plus je vois ces peuples qui, d'après nous, ont besoin de connaître tous nos raffinements, plus je crois qu'ils pourraient très bien s'en passer. Nous leur communiquons surtout nos défauts et nos vices, sans leur donner aucune de nos qualités et, d'ailleurs, sans prendre aucune des leurs, puisque nous affirmons qu'ils n'en possèdent aucune, — pour moi c'est une vaste erreur ; mais tout cela regarde surtout les philosophes et je ne suis pas dans le Haut-Mékong pour philosopher. — Je me rappelle que tu me parlais un jour à la Bibliothèque de l'Etat-Tampon, et tu ne savais pas au juste ce que c'était. Pour moi, je l'ignorais et l'ignore encore aujourd'hui, quoique me trouvant sur les frontières de cet

Etat. Je vois bien passer mission sur mission, allant délimiter, mais je crois que ce n'est que de la poudre aux yeux. A mon avis nous resterons dans les positions que nous occupons depuis l'année dernière, — il en est certaines que nous aurions dû évacuer, Chantaboum par exemple, — et nous étendrons peu à peu notre influence. Le Siam nous a bien payé l'indemnité de guerre fixée, mais comme la moitié des piastres versées était fausse, nous avons par oubli continué à occuper certains points stratégiques. Je crois que c'est un oubli très habile et que, le cas échéant, nous n'aurons pas à nous en repentir.

Par ce temps de colonisation à outrance, la devise devient : « J'y suis, j'y reste, » et nous n'avons probablement pas tort de l'appliquer.

Comme je n'ai pas à m'occuper de ces graves questions politiques, je m'occupe surtout d'étudier le nouveau milieu dans lequel je vis depuis bientôt deux mois. J'ai donné quelques renseignements généraux à Antoine sur le caractère du peuple laotien, tel qu'il m'est apparu pour la première fois. Très doux, réservé, timide à l'excès, il a été vite soumis par les Siamois qui l'ont réduit à l'état d'esclave. — Je crois même que l'habitude des cheveux ras chez le Laotien est une marque d'ancienne servitude. — Les villages sont administrés par des chefs de village, soumis à l'autorité de gouverneurs nommés par le gouvernement siamois, et responsables vis-à-vis de lui de l'exécution des ordres donnés.

Après l'autorité sans borne des gouverneurs, vient celle des bonzes ou prêtres, dont l'influence est énorme.

Je les vois tous les matins sortir gravement à la file indienne de leur pagode et venir dire les prières devant la maison du gouverneur de l'île. Ils ont tous la tête rasée et sont couverts d'une sorte de toge jaunâtre, dans laquelle ils se drapent. Ils portent des vases en forme d'amphores, dans lesquels on dépose les offrandes sur tout le parcours. Derrière eux marchent les élèves-bonzes, que j'appellerais les enfants de chœur et qui, eux, ont l'aspect moins sévère, et même un air assez malicieux.

Arrivé devant la case du gouverneur, le cortège fait halte et on n'entend pendant quelques minutes que le murmure des prières. Somme toute, c'est la même chose que chez nous, mais c'est plus simple. Ces costumes, ces offrandes de fruits, ces ornements de forme étrange, rappellent des souvenirs antiques.

Les bonzeries sont généralement fort riches.
Derrière notre camp, existe encore les traces
d'une pagode fort importante avant notre arrivée ;
il y avait peut-être plus de cinq cents prêtres ou
élèves.

Tout cela a été dévasté [1], mais il reste encore
un bouddha énorme et de curieux morceaux de
boiseries sculptées, qu'il est impossible malheu-
reusement d'emporter.

Je voudrais assister à une des cérémonies aux-
quelles les bonzes se livrent ; ce doit être, assu-
rément, curieux à l'excès ; mais nous les avons
fait fuir dans l'intérieur du pays, et il est bien
difficile de s'y aventurer. En tous cas, je conserve
toujours l'espoir de remonter plus haut dans le
Mékong et de voir de plus près ces peuples
bizarres, car ici nous sommes réellement tenus
dans une zone trop étroite.

Nous attendons un nouveau commandant,
M. Bérard... C'est, paraît-il, un explorateur dis-
tingué et un naturaliste connu. Il vient ici avec
sa jeune femme, ce qui amènera de la gaîté dans
le camp, car tous deux aiment la musique, le
théâtre, et on espère des représentations avec les

---

[1] On se demande pourquoi.

artistes de l'endroit. Nous avons avec nous une compagnie de légionnaires et, dans cette foule de dévoyés, on trouvera bien un ancien directeur...

Khong, 29 janvier.

Mon cher frère,

Je t'envoie de nouveau mes meilleurs souhaits de bonne année pour l'année annamite cette fois qui vient de commencer. J'ignore, par exemple, dans quel siècle l'Annam vient d'entrer, personne n'a pu me renseigner là-dessus. Toujours est-il que ce commencement d'année a donné lieu à force réjouissances, fêtes, jeux... les plus riches costumes ont été sortis pour cette occasion.

A Saïgon, paraît-il, la fête est splendide : les Annamites y déploient un luxe inouï : colliers, bijoux, pantalons et caï aô de soie, tout ce qui constitue la richesse de l'Annamite est arboré pompeusement. Tout travail cesse, on se consacre entièrement au souvenir des ancêtres, et au jeu qui est permis partout, dans tous les établissements, aussi bien que dans la rue. Le bà quan est surtout en honneur : c'est un jeu fort simple ; il consiste à agiter dans un cornet quelques sapèques en nombre indéterminé : chacun des joueurs

a parié pour une, deux, trois ou quatre sapèques ;
le banquier renverse le cornet et dispose les
jetons par tas de quatre, le dernier tas est celui
qui décide du sort du jeu, car il ne renferme
que une, deux ou trois sapèques. Selon le nombre
sur lequel on a parié, on gagne ou on perd ; si
l'on gagne, le banquier vous paye quatre fois la
mise.

A ce jeu de hasard, où les joueurs se sur-
veillent trop pour qu'on puisse tricher, les
piastres circulent et disparaissent avec une rapidité insensée ; mais l'Annamite est joueur à
l'excès. Tout est porté au Mont-de-Piété pour
avoir de l'argent, les bracelets d'or, les colliers,
les peignes d'écaille, tout se joue. Telle congaï
qui se promenait le matin en costume de soie
s'en retourne le soir en simple caï aó de coton-
nade.

Je n'ai pas vu la fête du Tet dans toute sa
splendeur. Ici, dans ce camp, dans le Laos, tout
se passe plus simplement et les fortunes des
tirailleurs sont modestes.

Le matin, tous les sous-officiers indigènes sont
venus nous présenter leurs souhaits et nous offrir
des présents consistant en fruits du pays, en
pastèques énormes, en œufs, en morceaux (les

meilleurs) d'un porc tué la veille. Tout cela nous
a été offert de fort bonne grâce, et c'eût été leur
faire un grave affront que de refuser.

Tous nous ont remis leur carte de visite (un
carré long de papier rouge avec des caractères
noirs à trois angles).

Ensuite les jeux ont commencé avec achar-
nement, tandis que les petites baguettes odo-
rantes brûlaient en l'honneur des mânes des
ancêtres et que Bouddha recevait les offrandes
accoutumées.

La fête a duré trois jours pleins, plus d'un
tirailleur a engagé trois mois de solde, plus
d'une femme a perdu ses plus beaux colliers,
mais tous sont contents. Ils ont pu se livrer à
leur passion dominante, le jeu, et il serait impossible de vouloir les y soustraire : quantité
d'Européens donnent l'exemple d'ailleurs...

Khong, 6 février.

Mon cher père,

Je suis heureux d'apprendre, par le courrier d'aujourd'hui, que vous savez enfin où je me trouve ; mais, par Dieu ! tranquillisez-vous sur mon sort. Il n'est pas si terrible qu'on pourrait le croire. Je suis toujours par monts et par vaux, c'est vrai, mais d'autres que moi l'ont fait et le referont. Ma santé ne s'en trouve nullement altérée, au contraire. Cela tient surtout à ce que nous ne mangeons que des choses fraîches, légumes de notre jardin, — où tout pousse avec une rapidité inouïe, — viande de nos étables qui sont bien garnies...

Pour le moment, je suis passé défricheur ; je m'en vais tous les matins dans la forêt couper des herbes et des arbres ; il y a des endroits délicieux de fraîcheur et d'ombrage ; des oiseaux de toute couleur, des perruches, des singes animent ces solitudes. Par instants, les herbes sont si hautes, la brousse si enchevêtrée que le soleil n'y pénètre plus. Etant seul dernièrement au milieu de cette nature folle, j'ai éprouvé un sentiment indéfinissable : ce n'était pas de la peur, mais une sorte d'angoisse, de mélancolie profonde. On se sent comme étouffé sous ces grands arbres, sous ces larges feuilles, dans ce milieu inextricable de lianes.

Un chien que j'avais avec moi me suivait sur les talons ; on eût dit que lui aussi ne voulait pas être seul.

En ce moment, tout est brûlé par le soleil, qui devient terrible. Les incendies éclatent sur tous les points de la forêt, et le soir il y a des illuminations magiques.

Dans deux ou trois mois, commencera la saison des pluies ; tout reviendra alors vert et florissant, mais l'île sera inondée, les routes seront inabordables, les sentes des montagnes transformées en torrents... il est probable que nous serons sur le point de rentrer en Cochinchine.

D'après les racontars de ce soir, racontars laotiens, nous aurions éprouvé une défaite sérieuse au Tonkin, et deux blessés français seraient réfugiés dans le Luong Praban. Les Siamois ne seraient pas étrangers à cette affaire.

Je ne serais nullement étonné de voir les

hostilités recommencer par ici, pendant que nous sommes occupés à Madagascar.

Il est d'ailleurs évident que nous n'attendons qu'un prétexte pour mettre la main sur les riches provinces siamoises qui nous entourent. Je ne demande qu'à faire partie des colonnes qui opèreront au moment opportun. Je n'ai qu'à y gagner; je ne risque pas plus ma vie ici qu'ailleurs.

Khong, 13 février.

Mon cher Antoine,

Je suis toujours dans le Haut-Mékong, attendant les événements ou les décisions ministé-
rielles. Tout est au calme plat pour l'instant et
je me borne à parcourir la forêt, à y couper de
l'herbe et des arbres, et à chasser.

Dimanche dernier, je suis passé sur la rive
gauche du fleuve, afin d'y reconnaître des pâtu-
rages. J'ai passé une journée bien agréable, malgré la chaleur, chassant au milieu des hautes
herbes et tuant des perdrix et des oiseaux au bec
rouge d'un goût très délicat.

Les eaux ont tellement baissé qu'en certains
endroits les coolies se mettent à l'eau pour pousser
les pirogues. On glisse sur des bancs de roches
et de sable, au milieu desquels abondent les
caïmans.

Toute cette région est bien curieuse et relativement peu connue. Je pense m'absenter pendant quatre ou cinq jours avec une escorte de

tirailleurs et remonter dans le nord. J'accepterai cette mission avec plaisir, car elle me permettra de voir une partie de l'île que je ne connais point.

Je parlais, dans ma dernière lettre, des nombreux incendies qui éclatent dans l'île. Notre camp vient de l'échapper belle, tout le village laotien qui le borne au nord vient d'être brûlé de fond en comble. Le spectacle de cet immense feu, au milieu duquel les cocotiers et les touffes de bambous éclataient comme des fusées de feu d'artifice, étaient magnifique.

Toutes ces paillotes, desséchées par le soleil, prenaient feu avec une rapidité inouïe. C'était comme une nappe de flammes qui semblait courir du nord au sud.

Nous avons dû veiller toute la nuit sur le lieu du sinistre ; quant aux Laotiens, très flegmatiques, ils nous regardaient faire. Ces incendies ont, d'ailleurs, un bon côté, c'est de détruire tous les germes pestilentiels qui existent nécessairement dans ces agglomérations de cases. Du reste, le village n'est pas difficile à reconstruire, et il ne reste déjà plus de traces de l'accident.

7

Khong, 27 février.

Mon cher frère,

Je viens de rentrer d'un voyage d'exploration dans le nord de l'île, et je trouve ta lettre en arrivant. Mon excursion était tout à fait topographique, mais elle n'en a pas moins été intéressante. Je crois être le premier Européen à avoir mis le pied en certains endroits de cette forêt touffue qui borde les rives nord de Khong.

La première curiosité que j'ai vue est un village khà, admirablement fortifié par la nature et par les habitants ; il y a là des abatis tels qu'il serait très difficile à une troupe de les aborder. On nous a bien répondu que ces défenses étaient faites dans l'intention de se protéger contre les sangliers, mais je doute fort que ce soit la vérité. Tout cela est tellement bien fait que je crois bien qu'une troupe régulière y a travaillé.

La deuxième curiosité est le village de Ban-Sach. Le site est merveilleux. Situé au bord du

fleuve, sur la rive droite de l'île, la végétation
est splendide. Ce ne sont que bananiers, cocotiers, bambous, entremêlant leurs branches, formant des arceaux de verdure impénétrables aux
rayons du soleil et où voltigent des tourterelles,
des perruches, de jolis oiseaux au plumage rouge
et noir. Partout des champs de canne à sucre,
des plantations de coton, formant de vastes
nappes blanches, qui contrastent singulièrement
avec les larges feuilles vertes des plants de tabac.

Le village, situé au milieu de cet amas de
verdure, est très riche et son commerce fort
important. Nous y avons trouvé une pagode
excessivement ancienne, la plus curieuse que j'aie
vue jusqu'à présent.

Une sculpture délabrée, rongée par le temps,
représente un chien, plutôt un molosse, qui
semble en garder l'entrée.

L'aspect en est fantastique. A l'intérieur, un
immense bouddha remplit le fond du temple ;
il paraît dominer tout l'édifice. Par sa pose majes-
tueuse, par ses yeux démesurément grands, par
le rictus de sa bouche, il efface tout ce que
l'œuvre a de grossier ou de disproportionné.

A ses pieds, autour de lui, cent à cent cinquante autres divinités, plus petites, mais de

poses variées, représentent les différentes forces
de la nature, l'eau, le feu ou les défauts et les
qualités de l'homme. La paresse est personnifiée
admirablement par une statue de bois, l'air
mou, apathique, les bras ballants.

L'ensemble de cet autel ressemble un peu, si
tu veux, à ces jeux de massacre qu'on voit dans
les fêtes ; mais lorsqu'on regarde de près, que
l'on considère ces statuettes faites avec des
moyens si imparfaits et qui cependant ont tant
de caractère, on ne songe pas à rire de ces caricatures.

Il y a là matière à une étude fort curieuse
d'une religion et d'un peuple, et celui qui pourrait se glisser au milieu des bonzes, assister aux
cérémonies, comprendre ces rites, relaterait des
observations bien intéressantes.

Des objets tels que ceux que j'ai vus,
bouddhas en bronze, en argent, en ivoire, auraient une grande valeur en France. Il y avait
surtout deux dessins à la plume fort naïfs qui
me tentaient fort ; mais les bonzes nous surveil-
laient de près et surtout, chez un peuple fana-
tique comme celui-ci, il faut respecter les coutumes.

Je n'ai pas emporté de souvenirs, mais je

tâcherai néanmoins de m'en procurer en ca-
chette.

Autour de la pagode se trouve le cimetière.
Les Laotiens brûlent leurs morts ou les jettent
à l'eau, quand ils n'ont pas les moyens de les
faire incinérer.

A Ban-Sach, tout le monde est assez riche
probablement pour se payer le luxe de l'inciné-
ration, car les tumulus sont assez nombreux ;
mais de petits tumulus, larges de dix centi-
mètres au plus, hauts de six. Ils sont surmontés
d'une baguette ornée d'un petit ruban bleu pour
les gens aisés, les dignitaires ; — blanc pour la
basse classe. C'est très peu coûteux, comme tu
peux le voir.

Voilà à peu près les impressions que j'ai
rapportées de ma reconnaissance.

Partout nous avons été parfaitement accueillis,
mais c'est plutôt par crainte que par amour ;
notre influence est fortement minée par les
Siamois et par la cour de Hué, et je crois bien
que nous aurons des histoires un de ces jours.
Nous nous y attendons et ne demandons que
cela.

11ᵉ jour de la Lune du 3ᵉ de l'année de Mamé
an 1256 [1].

Mon chère frère.

Je suis forcé de te donner de mes nouvelles,
avant d'avoir reçu des tiennes. Depuis l'épidémie de choléra qui existe à Pnom-Penh, nous
sommes de plus en plus isolés, et courriers et
convois éprouvent des retards considérables : je
m'explique un peu par là l'absence totale de
lettres et journaux.

Si j'en juge par les dépêches, le froid a été
terrible cette année en France. J'espère que,
néanmoins, vous n'en avez pas trop souffert. Ici
la chaleur devient insupportable : ces mois de
mars et d'avril sont les moments les plus durs à
passer. Pas un brin d'air, et 36 à 38° à l'ombre
en moyenne. Il nous tarde à tous de voir arriver la saison des pluies, pour retrouver un peu
de fraîcheur.

[1] Le timbre de la poste de Khong (Cambodge) porte
14 mars 95. Celui de Saïgon-Central (Cochinchine), 23 mars.

Je compte passer encore deux ou trois mois ici, peut-être jusqu'en juillet ; les bateaux pourront alors monter et nous rapatrier en Cochinchine.

Tu ne te doutes pas du passe-temps que nous avons en ce moment, il faut venir dans ces pays-ci pour trouver de tels amusements.

Il s'agit d'un jeune éléphant, âgé de quatre ans environ, et qui répond au nom de François. Nous l'avons acheté 25 piastres (environ 70 francs), il est amusant et intelligent au possible.

Je le ramènerais bien en France pour en faire don au Jardin des Plantes, mais les frais de transfert seraient trop énormes, et l'animal un peu encombrant. Me vois-tu suivi par mon éléphant, comme Tartarin l'était par son chameau ?...

Khong, 24 mars.

Mon cher frère,

Je ne connais rien de plus ennuyeux que d'être bloqué dans un espace de 500 mètres de long : et cependant c'est le cas de la garnison de Khong.

Ce maudit choléra s'est déclaré dans l'île, au milieu de la population indigène — tout le monde s'est enfui — plus de coolies, plus de femmes, plus de marché. Nos communications sont interrompues de tous les côtés, et nos marchandises interceptées à Kratié pour y subir une quarantaine. Tu vois quelle situation agréable nous est réservée pour le moment : heureusement que nous avons encore des vivres, et que le moral et la santé sont bons.

Me savais-tu architecte ? Non. Moi non plus, mais je le suis devenu. Depuis quelques jours, je prépare des bois, des colonnes, je fais couper, ajuster, je monte des cases : on ne me voit plus qu'avec des plans de construction et un mètre sous le bras. Je commence à voir clair dans tout cela ; mais, au début, je n'étais pas bien fixé sur mon travail. Sans me vanter, je crois pouvoir dire que j'ai acquis ici ce qui me manquait au point de vue de l'expérience, du débrouillage : il faut se faire à toutes les nécessités et s'y plier.

Par exemple, notre retour en Cochinchine paraît ajourné pour quelque temps encore : les relèves nous manquent, des bruits de piraterie courent depuis quelques jours, et l'épidémie ne décroîtra qu'aux hautes eaux, en août ou septembre. Autant de causes qui nous feront rester ici.

Il est vrai qu'il est question de nous augmenter de cinquante centimes par jour.

Je t'avais écrit que j'allais t'envoyer quelques objets du pays. Ce n'est pas possible actuellement à cause de notre situation ; veuille donc attendre deux ou trois mois. J'ai acheté dernièrement un superbe plat laotien en cuivre, fort bien travaillé et très curieux ; il sert à porter les offrandes destinées à Bouddha... Je crois qu'il a une grande valeur. Je l'enverrai à la première occasion, ainsi qu'un bouddha en bronze, et deux petits en argent d'un travail fort original...

Que papa ne craigne pas d'augmenter la charge des pirogues en m'envoyant des journaux — c'est notre seule distraction ici, et nous nous les arrachons à tour de rôle...

J'ai assisté dernièrement à un spectacle assez curieux, à la crémation d'une parente du gouverneur de l'île Rath-Sa-Van, grand mandarin laotien. Je te raconterai cette cérémonie en détail la prochaine fois.

Khong, 17 avril.

Mon cher père,

Deux mots à la hâte pour vous rassurer sur
mon sort. Nous venons de passer par une période
épouvantable de chaleur, de choléra, qui a fait
de nombreuses victimes dans la garnison. Etant
privés de toutes communications, je t'affirme
que nous avons passé des jours pénibles.

Enfin, on nous laisse l'espoir d'une prochaine
évacuation.

Pour moi, je suis très affaibli : je souffre d'un
accès bilieux, qui m'a mis au lit depuis huit
jours ; je suis à peu près rétabli aujourd'hui,
mais j'ai hâte de respirer le grand air de la
mer, si c'est possible, et je vais tâcher de passer
quelques jours au Cap [1] pour m'y rétablir.

Ne vous effrayez pas de tout cela : c'est le
résultat de la chaleur et de la plus mauvaise

[1] Le cap Saint-Jacques.

saison — tous les coloniaux passent par les mêmes vicissitudes. .

Je suis bien sensible au souvenir de M. Edmond Robert [1]. Veuille bien lui présenter l'expression de mes respectueux souvenirs.

---

[1] M. Edmond Robert, ancien député de Compiègne, ancien préfet de l'Isère, notre ami.

Khong, 25 avril.

Mon cher frère,

Ma dernière lettre n'a pas dû vous paraître rassurante, et je me hâte de vous tranquilliser un peu. Je vais mieux, et la fièvre a disparu presque complétement : les forces et l'appétit manquent encore, mais reviennent petit à petit. Le changement d'air, qui est proche, me fera du bien.

Quant à l'épidémie de choléra, elle a à peu près disparu ; mais les Européens en ont bien souffert. Trois de mes collègues y sont restés. Je t'assure que nous avons passé par un bien mauvais moment, par des heures pénibles et tristes.

Etre en guerre, recevoir une balle ou un projectile quelconque, on n'y pense pas : nous sommes faits pour cela, mais mourir du choléra en deux heures, quelle triste perspective !

Pour comble de malheur, le feu a pris dans le village laotien, un incendie immense qui a failli

se communiquer au camp. L'infirmerie n'a pu
être sauvée, et c'est à grand'peine qu'on a pu
déménager quelques médicaments et tous les
malades, heureusement.

Il semble qu'un mauvais sort s'acharne sur
nous.

Enfin aujourd'hui, quoique nous ne soyons
pas complétement débloqués, les relations com-
mencent à se rétablir, et nous espérons avoir
enfin ce qui nous manque. Et surtout les pluies
arrivent, nous amenant un peu de fraîcheur...

ÉPILOGUE

Les deux dernières lettres nous sont parvenues le 2 juin ; trois jours après, le 5, nous apprenions la mort du sergent Paul Troubat.

Il ne put aller plus loin que Stung-Treng [1]. Il succomba, après trois jours de navigation en pirogue sur le Grand Fleuve, par une chaleur atroce. Il en fallait encore huit pour retourner à Saïgon. M. le docteur Estrade, médecin aide-major de l'artillerie de marine de la Cochinchine, chef de service de l'infirmerie de Stung-Treng, le fit transporter d'urgence dans son service, le 11 mai, à neuf heures du soir. Le délire commençait et la mort survint le 14, sans que le malade eût repris connaissance. Le diagnostic porte « accès pernicieux à forme méningitique [2]. »

(1) Stung-Treng, chef-lieu de la province de ce nom, l'un de nos postes échelonnés sur le Mékong, où « nos couleurs bien-aimées portent haut... en face du pavillon siamois. » (*Le Tour du Monde*, 1893, 1er semestre, p. 399.)

(2) Une lettre de Stung-Treng complète ces détails navrants : « ... Je l'avais vu passer, nous écrit-on, *(se rendant à Khong)*,

Un Européen (le *peregrinus hostis*, sur qui le climat prend sa revanche), un militaire, un Français, qui entre dans ces conditions à l'infirmerie de Stung-Treng, y est traité avec tous les soins que l'humanité comporte. Bénies soient les mains qui secoururent notre fils, comme nous est sacrée la terre où il repose ! Le docteur Estrade lui ferma les yeux. Les funérailles furent celles d'un soldat français. Elles eurent lieu (on comprend pour quelles précautions hygiéniques, sous ce ciel dévorant) le 14 même, au soir, dans le cimetière de Stung-Treng. Le drapeau national enveloppait le cercueil, escorté d'un piquet qui rendit les honneurs, et suivi de tous les Européens du poste, au nombre de six ou sept. Mme Lafflotte, malgré des meurtrissures récentes (elle venait de perdre une enfant), se joignit au cortège, tant tout « ce qui nous rattache au sol natal » crée des liens *de famille* aux Colonies, et surtout dans ces solitudes excentriques

---

vigoureux et gaillard, et j'ai été terriblement surpris de le voir arriver un soir, dans le plus pitoyable état : absolument méconnaissable. C'est un accès pernicieux qu'il a eu à Khône, accès d'autant plus violent qu'on est plus robuste. Le docteur Estrade, dès qu'il l'a vu, l'a jugé perdu, d'autant plus que la température était torride... » — Il ne reconnaissait plus ni ses camarades ni M. le commandant Bérard, de la Légion Etrangère, qui l'avait ramené de Khône (en cours de voyage) avec d'autres malades et qui leur prodigua des soins paternels. — Quelqu'un qui a vu de près les fièvres paludéennes de Madagascar avant l'expédition, nous avait déjà parlé de cet anéantissement prolongé, précurseur de la mort, ou dont très peu, du moins, réchappent.

et barbares, où l'homme connaît véritablement tout le poids de l'exil et de l'isolement.

Par les soins de M. le capitaine Lafflotte, une modeste tombe en briques et ciment, entourée d'une balustrade en bois et surmontée d'une croix en fonte avec plaque en cuivre, indiquant l'âge, les nom et prénoms du sergent Troubat, marque sa place dans le cimetière. Une couronne, commandée à Saïgon, a été déposée dessus avec cette inscription : « Les sous-officiers du Régiment des Tirailleurs annamites à leur camarade Troubat. »

Un compatriote, un ami de Montpellier, M. Lamouroux, maire de Saïgon, fera porter, de temps en temps, sur cette tombe, des fleurs de la forêt.

Des lettres, qui augmentent nos regrets, mais dont nous savons le meilleur gré à leurs auteurs, nous représentent notre fils « coté comme ayant une grande valeur morale. » — « Il s'était attiré l'estime et l'affection de ses camarades, de ses chefs et de toutes les personnes qui l'ont connu. Je suis heureux, m'écrit quelqu'un de très autorisé, de vous fournir ce témoignage, ayant moi-même été témoin des sympathies qu'il avait su se concilier. »

*
* *

Des prescriptions hygiéniques formelles autorisent, au bout d'un an et un jour, le transfert seul des corps qui ne sont pas morts d'épidémie. Le règlement impose en outre une mise en bière définitive, prévue et ordonnée, qui n'est plus toujours praticable au terme du délai légal. Quand il s'agit d'un soldat, qui tombe loin des siens, il est bien rare qu'un ayant-droit ou qu'un ami ayant qualité se trouve à portée, immédiatement après le décès, pour prévenir les volontés de la famille. Toutes les familles ne peuvent pas non plus s'imposer de tels sacrifices ; mais, même à celles que cette question n'arrête pas, l'administration sanitaire peut refuser, au bout d'un an et un jour, l'enlèvement des corps qui n'auraient pas été déjà mis en bière dans les conditions requises, si elle y reconnaît des inconvénients rédhibitoires.

La mesure est rigoureuse et justifiée par les nombreuses épidémies que les expéditions lointaines nous ont ramenées d'Orient. Peut-être y aurait-il moyen d'adoucir ce régime d'exception, nécessaire aux Colonies, en rendant la crémation obligatoire dans les hôpitaux militaires. Il reviendrait au moins quelque chose des leurs aux familles qui gardent le culte de leurs morts. On ne perpétuerait pas ainsi des cimetières dans des terres malsaines, des columbariums recevraient les cendres non réclamées, et les mânes seraient apaisés de ceux que le système actuel prive éternellement de leur place, dans une sépulture de famille. Les passagers n'auraient rien à redouter d'un tel voisinage pendant la traversée, et l'administration novatrice, qui procéderait ainsi du compliqué au simple, conformerait ses tarifs non à ceux des rajahs, qui pratiquent aussi la crémation à leur manière, mais aux besoins démocratiques de la société nouvelle et future.

Rethondes, '29 août 1895.

FIN

TABLE

.

Compiègne. — Imprimerie A. MENNECIER, rue Pierre-Sauvage, 17.

www.ingramcontent.com/pod-product-compliance
Lightning Source LLC
Chambersburg PA
CBHW051723090426
42738CB00010B/2056